博物馆学认知与传播
论丛

策展的挑战

从符号观念到故事思维

CHALLENGES FOR
EXHIBITION PLANNING

From Symbolic Thought
to Story Thinking

严建强　主编

ZHEJIANG UNIVERSITY PRESS
浙江大学出版社

图书在版编目（CIP）数据

策展的挑战：从符号观念到故事思维/严建强主编.—杭州：浙江大学出版社，2021.10（2022.5重印）
ISBN 978-7-308-21703-3

Ⅰ.①策… Ⅱ.①严… Ⅲ.①博物馆学－研究 Ⅳ.①G260

中国版本图书馆CIP数据核字（2021）第174890号

策展的挑战：从符号观念到故事思维

严建强　主编

责任编辑	陈思佳（chensijia_ruc@163.com）
责任校对	许艺涛
封面设计	雷建军
出版发行	浙江大学出版社
	（杭州市天目山路148号　邮政编码310007）
	（网址：http://www.zjupress.com）
排　　版	杭州兴邦电子印务有限公司
印　　刷	杭州高腾印务有限公司
开　　本	710mm×1000mm　1/16
印　　张	10.25
字　　数	170千
版 印 次	2021年10月第1版　2022年5月第2次印刷
书　　号	ISBN 978-7-308-21703-3
定　　价	58.00元

总　序

　　现代博物馆源自两个古老的传统，一个是以缪斯的名义出现的对知识和哲学的冥思，一个是以收藏柜为表征的对器物的收藏。这两个传统在很长时间内并没有交集，直到16世纪中叶塞缪尔·基格伯格（Samuel Quiccheberg）做出最初的尝试。在基格伯格的时代，一种以剧场形式出现的讲演记忆训练中，物品作为帮助提示讲演人记忆的手段出场，物与思想发生了接触。从那以后，两者的结合一直是博物馆史的重要内容。经过几代人的努力，它们逐渐走向融合，并向着两位一体的方向发展。然而，只有当人们的观念突破了收藏物精美的外壳，将关注转向物质深处的精神内涵，并试图以知识和信息的形式将其提炼与揭示出来时，物与思想结缘的通路才被真正打开。从此，物品作为欣赏对象与作为启发思想、帮助理解的知识载体的双重身份出现了有机的结合。

　　这既是博物馆历史演变的趋势，也是博物馆现实发展的理想。依着这样的愿景，当观众进入一座优秀的博物馆，他不仅能感受到人类制造物的艺术魅力，满足欣赏与崇拜的愿望，也应该能在阐释的帮助下深入理解物品内部的知识、思想与情感的内涵，在智性方面有所收益。然而，在现实中，两者的结合还有待进一步的努力，尤其在中国，如何在欣赏物品的基础上强化展览的信息传播能力，提高观众的参观收益，是今后一个时期特别需要关注的方面。这就是本丛书产生的背景和目的。

　　在全球范围学习型社会建设的浪潮中，非正式学习的需求被极大地放大，博物馆作为一个高度组织化与制度化的非正式教育机构，如何满足这一需求，是一个必须应对的挑战。当公众带着更多学习与理解的诉求进入博物馆时，他们会发现，在这一机构中学习与认知的过程是非常独特的，与他们日常的学习经验大相径庭：作为知识传播者的策展人并不像老师那样站在他们的面前，而是隐身幕后；作为信息传播载体的不是符号，而是物品；更大的差异是，如果说教室是为学习者提供的一个栖身空间的话，那博物馆展厅本身就如同教科书，成为学习的对象与内容。观众在书中穿梭，在行走与站立的交替运动中，对空间中呈现的物品进行观察、阅读和体验。在这个过程中，许多在日常学习行为中不曾遇到过的因素开始影响他们的学习，比如方向、位置、体量、光、色彩等。如果方向不对，叙事的顺序就乱了；如果位置不对，物品之间的逻辑关系就错了；如果光出现了问题，观众不仅觉得眼睛不舒服，而且也会对展览的重点出现误解。这种学习者所面临的"环境语境"是其他学习行为所没有的。

这一切都表明，尽管我们可以利用一般的教育学、认知学、心理学和传播学理论来帮助我们，但博物馆学习的独特性质仍然要求我们进行专门的、针对性的研究，并将其作为博物馆学研究的中心内容之一。没有对博物馆学习与认知过程独特性的研究与理解，我们的传播方法与策略就缺乏明确的标的，缺乏必要的有效性。所以，在这种情况下，首先要展开对博物馆学习与认知特点的研究，探明这一媒体与其他媒体在传播过程中的区别，为制定正确有效的传播策略提供依据。正因为如此，我们把博物馆学习与认知及其和传播的关系作为重要的学术内容展开研究，并期待有更多的学者关注这一问题。

传播效益取决于多方面的因素，这些因素贯穿在整个展览的建设与运营中。比如：如何通过前置评估了解公众的需求与愿望，并将他们的想法融入展览策划；如何在建构展览的结构和框架时将主题叙述的思想及逻辑要求，与博物馆学习的特点及公众的习惯、爱好相结合；如何规划与经营展览设计的空间，让观众觉得整个展览清晰流畅、层次分明、重点突出，并通过形成性评估来保证其落实；如何针对基本陈列展开适当的拓展式教育和相关的配套活动，使展览主题内容得以深化与拓展；如何通过总结性评估收集观众的意见与建议，进一步做好展览的调整与改善，以为下次展览提供借鉴；等等。所有这些，都直接影响到博物馆的传播效益，进而影响其社会效益的实现。

本丛书分为"译丛"与"论丛"。鉴于一些国家已经在博物馆学认知与传播方面积累了相对成熟的经验，为我们的探索提供了很好的借鉴，为此，"译丛"从理论与实践两个方面反映了当代西方博物馆学界的新观念、新理论与新实践。"论丛"则是国内学者在探索过程中的心得，尤其令人欣慰的是，作者大多是年轻人，其中有一些已经参与了大量的展览实践。衷心希望这套丛书能够为实践中的工作团队提供有益的启发，为中国博物馆事业发展的洪流增添美丽的浪花。

严建强

2018 年 3 月 30 日

目　录

第三部分　博物馆学习视野下的策展

不同观点，共同目标：为观众策划更好的展览

——"博物馆展览策划的理论与实践研讨会"侧记

邵晨卉

2019年10月26—27日，由浙江大学考古与文博系、《自然科学博物馆研究》杂志社联合主办的"博物馆展览策划的理论与实践学术研讨会"在杭州工艺美术博物馆召开。二十多位高校学者、博物馆专业人员以及展览行业的从业者，围绕国内博物馆展览策划面临的问题与挑战，以及应对的策略展开了深入的探讨与对话，近两百位博物馆相关领域人士参会并与诸位发言人交流。其中，浙江大学文化遗产与博物馆学研究所所长严建强，江苏省美术馆原副馆长陈同乐，中国科技馆研究员、《自然科学博物馆研究》主编朱幼文，复旦大学文物与博物馆学系主任陆建松，中国丝绸博物馆馆长赵丰以及杭州工艺美术博物馆策展部主任许潇笑作为嘉宾进行了主旨发言，与会学者还针对"博物馆策展的机制与特点"和"怎样在博物馆讲故事"开展了两场开放对话。

今天，中国的博物馆处于高速发展的机遇期，新展览数量呈爆炸式增长，但展览策划却未形成具有指导意义的规范，其效果也无法被有效评估。如此背景下，博物馆有必要审慎思考一些核心问题：什么样的策展机制适合当下的中国博物馆？策展人在策展过程中应该扮演什么样的角色？展览如何讲故事，讲好故事？如何突破"千馆一面"的困境，策划个性鲜明的展览？本次会议希望深入分析当前中国博物馆展览策划所面临的一些问题，尤其是"策展人与策展机制"这一核心问题，探讨可行的解决思路与方案，以期切实提高展览质量。本文将对会议发言的观点进行整理和归纳，从"策展人与策展机制"本体讨论出发，延伸到策展的具体化流程与实践，深入探讨"展览的主题与叙事""展览的个性化"等问题。

一、策展人与策展机制

展览是博物馆实现公共教育功能的重要方式，展览策划则是影响其传播效益、参观受益的关键环节。尽管"策展"常被用于概称整个展览从规划到实现的全流程，但西方博物馆的curator并不等同于中国博物馆语境中的"策展人"。西方博物馆界所称的curator，是指某一专业领域的藏品研究和展示的权威，负责与藏品相关的征集、保管、外借、展览等一系列工作，他在展览项目立项前是"研究人员"，进入策展流程后则是"策展人"。这与中国博物馆的组织架构、部门设置、人员职责等完全不同。不少与会学者关注到了这一点，尤其是对于较核心的策展机制问题，多数人认为以往的博物馆管理模式与工作流程有颇多局限，已难以满足新时代展览发展的需求。如此，符合中国国情的博物馆策展的机制与特点是什么？博物馆的策展人是谁？他们如何开展工作？围绕这些基础问题，多位学者分享了心得、实践并进行了深度对话。

在中国，博物馆、美术馆、科技馆隶属于不同行政主管单位，不仅其机构架构与部门职责有所不同，策展机制上也显现出各自的特点。浙江大学考古与文博系教授严建强在题为"策展、策展机制与策展人"的发言中将"美术馆"作为参照系，以加深对博物馆策展内涵和特点的认知。他从社会背景、展品特征、展览要素、传播介质与过程等维度，比较了两者在策展中的差异。首先，美术馆策展的形成伴随着美术品的公共利用，但美术品的价值体现在个人独特的作坊式创作中，每件作品本质上是唯一的；博物馆则伴随着人类社会由人际社会向地缘社会转变过程中一系列藏品的公共化利用，其藏品并非单纯的审美对象，还是反映人类生活的记忆载体，博物馆因此承担了知识公共化的职责。其次，美术馆的展品本身是一种图像语言，是作者与观众沟通对话的媒介，具有传播学的意义；博物馆的展品，除文献类外，是出于某种使用的目的，所承载的记忆和信息都深藏在物质中，因而信息具有隐蔽性，因此阐释就显得尤为必要。最后，美术馆是单一实物展品要素体系，如今的博物馆则形成了多元混合的展览要素体系。除此之外，他认为两者对"美"的理解和"美"对两者意义也大相径庭：在美术馆，审美品质占据核心地位，从某种意义上说，美就是其目标；在博物馆，美只是前提而不是目标，因为博物馆负有传播与教育使命，需要向观众传递知识和观念。江苏省美术馆原副馆长陈同乐对美的理解有所不同,他认为"博物馆既是文化历史的记忆高地,更是文化审美的圣地",观众可以通过"泡"博物馆,"发现意外之美",进行"文化体验"。他在题为"后策展时代"的发言中同时指出博物馆与美术馆是"完全不一样的",国内外美术馆的机制也是"完全不一样的",毕竟中西方语境不同,当下更需要思考"什么样的策展机制适合当前中国博物馆展览的发展""策展人在展览建设过程中究竟应该扮演什么样的角色"。他注意到,策展已从过去的"只是把历史文献研究、文物组合作为基本方式"发展到"以发现、创作为基本模式",因此博物馆策展人需要转变观念,即"从论文思维转向故事思维,从符号思维转向空间与视觉思维",并时刻保持"弹弓意识""隧道意识"和"棱镜意识",追溯优秀传统文化,立足于自身特色,保持一定的文化审美,从而更好地服务观众。

陈同乐在发言中还提到,当前中国博物馆内部没有足够的专业人员进行展览策划,外部策展人可能会在未来一段时间内继续与博物馆合作。严建强总结了目前国内主要有"内源性"和"外源性"两种策展模式,但不管来源如何,博物馆都依赖"策展团队",更需要建立合理的策展机制,将释展、设计与整个策展工作视为整体,通过有效合作真正保证策展意图的实现。在他看来,策展团队的作业中,与不同身份成员的学科互渗是平衡科学与传播的关键,为此,学术型策展人接受博物馆学及相关学科的训练将是更为便利和有效的选择。来自天津师范大学的陈晨也认为"好的展览不应该是单独作业,而是要形成一套完整的策展体系",结合多年在天津博物馆工作的经验和思考,他在题为"博物馆'策展体系'架构与策展人'项目化'管理方式的构建"的发言中进一步提出,这套策展体系应当包括内容设计、形式设计和外延设计三部分,且每个部分都应由专人负责,并建立起一个由策展人主持建立的策展团队。该团队依据策展工作的三大流程——"选题筹备""设计实施"和"运营推广",以"项目化"的管理方式运作,从而保证展览策划与设计的流畅性,以及社会教育活动的连贯性(图1)。其中,"策展人"是展览的灵魂人物,也是策展团队的核心,而一位合格的策展人需要具备"十八般武艺",包括个人风格、强大气场与人格魅力、组织与协调能力、专业知识与素养、审美能力、人脉资源、商业思维等。不过,他强调在中国博物馆的语境下应谨慎使用"策展人"这一概念。

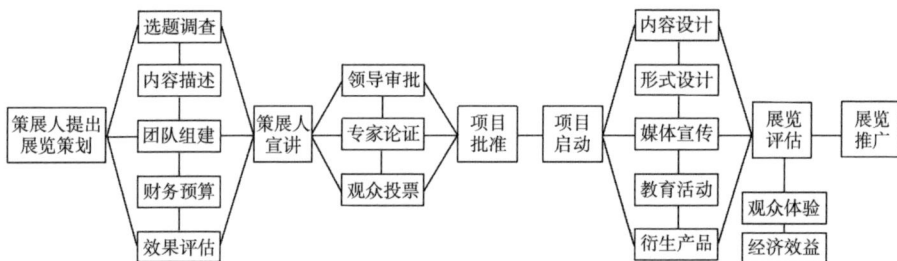

图1 "策展人项目制度"的基本内容与实施流程（来源：陈晨提供）

在策展机制的探索上，西方博物馆界的理论探讨和实践经验也许会给国内博物馆带来一些启发。上海大学王思怡的发言"试论以观众为中心的策展实践启示——从美国教育策展人（edu-curator）说起"，重点引介了美国博物馆近年出现的以观众为中心的合作策展实践。这种新范式极为关注和珍惜来自边缘群体的声音，侧重发展以多元为导向的研究方法，不仅革新了策展机制和流程，还让博物馆变得更包容、多元，将博物馆掌握信息和知识的权力下放至观众，使博物馆真正与当地社群联结为一个共同体，这或许可以为中国探索建立以观众为中心的博物馆策展模式提供参考。中央美术学院美术馆曾尝试改变主导式的策展模式，刘希言在《展览的主流叙事与对主流叙事的挑战》一文中分享了2016年该馆自主策划的"第三届中央美术学院美术馆双年展"心得。主办方分化了单一的策展权力，转而面向社会广泛征集作品方案，并且采用与外界进行空间协商的实验性举措，更注重方案征集与公开讨论等过程，而不再单一地以展览实现为目的。这种非主流叙事通过全面参与和民主协商，拉近了馆方与大众的距离，带来了新鲜感与神秘感，但也存在方案良莠不齐、现场协商存在诸多问题、方案与实现存在落差、协商空间困难等现实缺憾。

二、展览主题与叙事

如果说策展人与策展机制是"好展览"的制度性保证，"讲好故事"则是策展至关重要的一环。展览向谁讲述？如何讲故事？怎样才算讲好一个故事？毫无疑问，讲述对象是博物馆观众。不过，不能简单地将观众流量作为衡量展览品质的标准，陈同乐指出"好展览"有不同的好的点，如驻足点、思考点和记忆点，且能够满足不同人群需求。立足于观众，复旦大学文物与博物馆学系教授陆建松在题为

"透物见人见事见精神——如何策划设计博物馆展览"的发言中，提出了评定"好展览"的四个标准：对观众有吸引力，能激发并保持观众持续参观的欲望，对观众有教育意义，以及对观众产生观念和行为上的影响。中国科技馆研究员、《自然科学博物馆研究》主编朱幼文赞同陆建松的看法，并进一步指出博物馆展览的首要目的是教育，今天的展览不能局限在激发兴趣、理解知识层面，更需要策展人通过"主题展览"带给观众以"思考"与"启发和感悟"。浙江大学的许捷则通过黑龙江工程文化博物馆的实践，探索了展览传达价值观、启发观众的可能性。他在题为"科学文化的博物馆表达——工程文化博物馆的策展思想与实践"的发言中，具体介绍了实现传播"科学文化"的多种路径，包括展览内容的情节化、设置符号提示系统和采用建构的方式等（图2）。

图2　展品语境化与建构参与（来源：许捷提供）

针对如何讲好故事的问题，陆建松在发言中特别强调，唯有夯实陈列展览的学术和展品支撑体系，才能为讲好故事奠定坚实的基础。他强调：博物馆应从自身使命出发，以展示传播为导向，强化藏品科学体系建设；同时，要开展与之配套的文物研究，应当跳出传统考古学、器物学和文物学研究的窠臼，加强考古信息采集和多学科阐释研究，并深入挖掘藏品的历史信息和文化内涵。以地方历史文化博物馆为例，这类博物馆应以"讲述某特定地域的人地关系及自古以来人们的生存智慧"为使命，建立起"有关这片土地的特定的地域历史文化资料"的藏品体系，"应该加强地方历史文化的全面系统梳理和研究，弄清地方历史发展的脉络、节点及其各历史时期的历史文化概貌、优势和特点"。他结合多个考古遗址类展览案例，重点指出信息采集的科学与完整对展览故事的重要性，他认为理想的方法是"以展示传播和公共教育为导向，有针对性地搜集有关遗址及其出土物的完整信息"，同时开展积极的跨学科合作，对遗址及其出土物进行还原研究，并以此为基础"还原、重构古代社会的自然和人文环境、生产和生活状态"。当然，讲好故事的关键是展览内容策划，它必须有高度提炼的主题、准确的传播目的和巧妙的叙事逻辑结构（故事线），此外，还要能突出展览的重点和亮点，说明文字要做到"信、达、雅"，并能为重要辅助展品给出创作提示并提供创作依据。

朱幼文赞同好展览的关键是提炼"主题"，这一点在科技类博物馆中同样适用。他在题为"教育学视角下的主题展览策划"的演讲中指出，"展览主题"应当是特定核心概念和展示教育目标的特殊表述形式，可以通过学术研究，提取出最有价值的、可以支撑起学科知识体系框架的核心概念。而这类展览的讲述可以采用"基于实物的体验式学习"和"基于实践的探究式学习"等方式，前者"通过展品创设类似于科学研究、生产劳动的实践情境，让观众通过发现问题、实验、观察、对比等探索活动获得认知"，后者则"以可用感官接触的展品为道具，创造只有通过亲身体验才能获得有效认知的学习过程"。

不少与会学者关注到叙事理论对博物馆策展的重要性。高玉娜在题为"浅议博物馆主题展览叙事阶段及策展方法"的发言中，借鉴叙事理论将策展分为三阶段，探索博物馆展览叙事研究的框架和边界。杭州师范大学的胡凯云则在战争纪念馆类型的研究中引入了战争历史的记忆理论，并结合博物馆空间展示的特点归纳出三种主要的记忆重构模式。她在题为"战争纪念馆的记忆重构模式初探"的发言中指出，民族主义模式常蕴含较强烈的民族主义情绪，常用较宏观的英雄主义叙事，这能增强群体凝聚力，提升民族自豪感，但也容易陷入二元对立视角，激化不同立场团体间的矛盾。相较下，世界主义模式更为平和，它提倡超越民族边界，往往对冲突进行抽象化的提取，这种方式淡化了暴力历史的语境，更关注受害者的经历以及对未来的憧憬，能够避免激化冲突方的矛盾，但也可能被利用以规避罪责，从而导致理解的片面性。在她看来，"对话模式"可能是更为理想的模式。这种模式承认群体差异，往往尽可能地深度呈现事件的历史脉络，同时展现受害者、肇事者等不同立场的观点，促进自反性的思考。当然，她最后指出每种模式都具有其特定的作用和优缺点，采用何种模式需要取决于建馆初衷和所处的政治社会语境。

三、展览的个性化

"策展人的教育背景、知识系统、工作状态，在不同的结构、视野和展览语境中所产生的作用，影响着展览的多样性和丰富性，使同一个展览有不同的变体。"在陈同乐看来，即便同一个展览也可以在不同的语境、场域与观念下，在知识、常识和见识方面呈现出不同的样式。而个性化展览常被视为避免"千馆一面"的有效路径，但如何策划个性化的展览？它与哪些因素相关？有哪些可资借鉴的原则或方法？多位策展人通过在各领域的实践探索展览个性化，分享了他们的经验与心得。

中国丝绸博物馆（以下简称国丝馆）的赵丰馆长结合国丝馆多年的思考与实践，通过题为"古道联珠——中国丝绸博物馆的丝路系列展览"的主旨演讲分享了国丝馆个性化展览的探索之路。他认为，策划展览应当明确本馆的使命，国丝馆在2004年明确了该馆是"以中国丝绸为核心的纺织服饰文化遗产收藏、保护、研究、展示、传承、创新，并向公众开放的非营利性常设机构，以研究为基础推动丝绸历史、科技保护、传统工艺和当代时尚四大板块，对接国家战略，开展国际合作，服务文化、经济和社会协调发展"。基于这一使命陈述，国丝馆梳理出展览方向，即从研究型博物馆定位出发，将学术研究作为展览的支撑，并搭建起从"现场提取、清洗消毒、分析鉴定、修复保护到保管陈列"的全链式认知过程。以此为基点，重点围绕"丝路之绸"开启系列研究与展览计划，几年来分别聚焦于丝路的起源与传播交流、丝绸在世界上的广泛使用、科技保护、织机与织造技术、丝路上的人等分主题，从不同视野讲述丝路上与丝绸相关的故事。他指出，在这一策展过程中尤为关键的是，放眼国际，寻求国际化的合作，建构强大的学术支撑团队以提供专业研究的助力，这会为展览提供新视野与新维度，也有助于呈现展览的新面貌。

云南省博物馆邱玮在题为"个性化的内容策展——以云南地方博物馆的基本陈列为例"的发言中认为，即使地方博物馆的展览使命清晰、定位清楚，但实际上，各地的基本陈列依然"千展一面"，其最核心问题在展览内容策划环节。她扎根云南地区博物馆的基本陈列实践多年，从中总结出实现个性化策展的三条途径："文物的分层解读、拓展和延伸"。以云南省博物馆新石器时代的"赤铁矿颜料柱"展品为例，首先围绕其本体的用途，延伸到云南洞内岩画，拓展至代表性岩画图案的展现,再到巫师绘制岩画的仪式性,进一步从图像学角度对岩画故事的解读,最后回归到今天云南少数民族依然保留的审美装饰习俗,让展品不再是孤立、无声的个体,而是与云南这片土地勾连起深厚的历史内涵和当下的文化联结。此外,还可以通过从关注"文物""知识点""事件""文化现象"转向关注"人",以及"转变展览视角和叙事语言"两条途径,使展览更具故事性,与观众建立连接和对话。针对考古主题展同质化问题,山东大学博物馆的李明倩运用叙事理论分析了其主要原因包括多数采用单一的叙述模式,缺乏叙事的核心要素"人物"以及叙事视角过于单调,她总结出策划文本阶段"去同质化"的三个对策:根据考古主题和内容,改变单一的"线性因果结构",考虑多重叙事、辫结叙事或复合叙事模式;舍弃历史宏大叙事,尝试增加人物微叙事,用细节打动观众;尝试转变叙述视角,选择跟随人物的内聚焦视角或立足第三者的外聚焦视角讲述故事。

　　杭州工艺美术博物馆(以下简称工美馆)在策展理念与实践探索上可谓颇具先锋性。该馆策展部主任许潇笑认为,个性化的展览策划"不仅是题材和内容的多样化,更需要尝试多元化的方法论与学术语境,呈现出不同的叙事视角和逻辑"。在新的理论语境及外部环境下,现代博物馆以知识性、公共性为核心维度,与视觉文化紧密联系,面临着展示观念上的转变。因此,策展需要跳出文物本位、摆脱文本思维、联系当代经验并关注复数性,才能让"文物"持续地"活在当下"。基于这样的理念,工美馆自主策划了两个实验性展览——"女神的装备"和"海市蜃楼"。前者从"女神"这个具体线索出发,尝试将"女性问题"在不同时空中"物"的表述与"社会"的讨论作为展示脉络,使文物藏品与当代艺术进行空间对话(图3);后者展现的是17—20世纪中国外销装饰艺术品,将"图像"作为研究对象、"物"作为陈述对象,通过展品组合、展示,形成图像的"并置"和不同图示序列的"对语"。她在题为"重议'让文物活起来'"的演讲中,分析了两个展览在观看方式的转变、对观众与展品关系的反思及创新等方面的心得。尽管展览希望通过碎片化的叙述和自由的展线最大限度地激发观众主体性,但观众调查反馈出"建议增加展板说明与导览指示""展线不清晰""展览内容较难理解"等现实差距。不过解读视角的创新也吸引了43.1%的新观众。这一调查促使她反思,博物馆与公众的距离到底有多远?身为博物馆策展人,如何在策展过程中摆脱"自上而下"的姿态,真正"回归大众"?

图3 "女神的装备"展览主题关键词谱系与现场实景(来源：许潇笑提供)

在首都博物馆的李吉光看来,回归大众、拉近观众的距离可以通过探索新的空间展示方式来实现。她在题为"从展示物品到重塑空间"的报告中指出,北京市朝阳区非物质文化遗产保护传承中心尝试了"星巴克化",即以非物质文化遗产为背景,重塑养心空间,将访客融入减压休闲的展场空间。此外,合肥探奥自动化有限公司的康丽、自由撰稿人马之恒和北京自然博物馆的刘迪分别结合具体的展馆案例,分享了一些对自然科技类展览个性化的思考与对策,他们都认为寻找到独特的视角和故事内容有助于建立起自然科学类展品与观众之间的对话,并借由创新设计形式建构展品组合关系、置入互动体验等方式让此类展览摆脱同质化。

四、对策展其他问题的探讨

除以上议题外,多位与会学者还探讨了策展的其他问题。广西科技馆的张祖兴关注到科技类展览存在无目标性、参观盲目性等问题,他在题为"基于STEM课程框架进行科技馆展览设计的思考"的发言中提出,在STEM课程框架下探索项目式学习方式结合展览情节体验的展览设计方式。浙江大学的王旖旎也认为开展体验学习更符合博物馆教育的特点,她的《博物馆体验学习初探》一文指出,设计操作式和沉浸式体验、引导观众将获得的认知和真实情境进行关联是构建博物馆体验学习的两个重要策略。此外,中国地质大学的范陆薇聚焦于博物馆的信息可视化问题,她在题为"博物馆解说牌中的信息可视化设计"的发言中,以英国博物馆为例,分析其展览数据可视化、信息图形化、知识系统化、科学可视化等应用，总结出通过"信息采集—信息架构—视觉转化—符号传达"实现解说牌信息可视化的设计流程，为博物馆解说牌的设计个性化提供思路和参考。

五、挑战与对策

在本次研讨会上，来自不同类型博物馆、不同领域的学者围绕"展览策划的理论与实践"展现了多视角的观点，思维碰撞与实践分享相结合，加深了对问题的理解与认知，也有利于我们反思目前展览策划所面临的困境与挑战，从而寻找到符合自身目标使命的解决对策。就像项隆元教授在开幕致辞所言，"在博物馆与社会的双向互动中，展览无疑是一个划时代的标志。今天的博物馆需要策展，需要建立和完善策展机制，不仅仅需要对展品进行公众化的阐释，更需要从藏品、地域、族群、社会担当等使命出发，真正以观众为中心，策划有思想、有品质的展览，让展览透物见人、见事、见精神"。

然而博物馆类型众多，展览主题也千差万别，再加上观众的认知和需求多元、时代与社会背景各异等因素，探索如何策划好的展览是一项艰巨却又极具现实意义的工作，仍有诸多问题有待深入讨论。希望此次研讨会的多元观点与经验分享，能为今后博物馆策展的发展提供些许启发，引发更多相关的理论研究与实践探索。

第一部分

策展人与策展机制

展览阐释：美术馆和博物馆策展比较

——兼谈博物馆的美术馆化①

严建强

一、策展的兴起及美术馆策展

美术馆策展现象的出现是以大众社会形成中知识资源的公共利用为背景的。在传统社会,图书与美术作品的收藏主体多为有钱的知识阶层,收藏品也主要服务于这一阶层。近代社会产生后,教育和美育成为普通公民的基本权利,与此相应,私人收藏的公共化利用也开始了。在这个过程中,图书与美术作品的情况有很大不同。印刷术兴起后,图书通过印刷的复制技术实现量产带来的价格下降,让普通人也可以购买和收藏一定量的图书。在中国,印刷术的出现导致了图书的商品化,藏书之风弥漫,宋朝各地州学都建有藏书楼,到晚清时,仅宁波一地的藏书楼即达80余处。在欧洲,谷登堡发明铅活字印刷术之后,复制信息的成本减少到只有原来的三百分之一②,在16世纪上半叶,医生的平均藏书量从26本增加到62本,律师从25本增加到55本,商人从4本增加到10本,纺织工匠从过去的1本变成了4本。③美术作品则不同,除了可以印制的版画外,绝大多数美术作品的价值都体现在个人独特的作坊式创作中,每一件作品本质上都是唯一的。所以,看一本印刷的美术作品集与看一幅真迹是完全不同的,无论这幅印刷品看上去是多么清晰逼真。这意味着,图书公共化利用的方式在美术作品中是无法实现

① 从广义的角度看,美术馆是博物馆的一种类型;从狭义的角度看,美术馆专指以各类造型艺术为主的展馆。事实上今天的美术馆已变得多样化,有现代绘画、行为艺术和媒体艺术等,策展的内涵也有所不同。为了便于进行比较,这里主要指以传统造型艺术为展览主体的美术馆。

② 杜君立:《现代的历程:一部关于机器与人的进化史笔记》,上海三联书店,2016年,第104页。

③ 阿利埃斯、杜比:《私人生活史1:星期天历史学家说历史》,李群等译,北方文艺出版社,2013年。

的。正是在这种社会需求的背景下，艺术博物馆和画廊兴起，各历史时期及当代的作品都汇聚于博物馆、美术馆和画廊，使公众得以一睹它们的真容。

无论是历史上的艺术作品，还是当代艺术家创作的作品，进入美术馆展厅都不可能是随意和无计划的，尤其是当代艺术家的作品，哪些能够进入，以什么样的方式进入，都需要有人进行专门的策划和组织。所以，美术作品的公共化利用总是和策展活动联系在一起的，并由此诞生了策展人制度。

西方语境中，curator作为职业最早主要指16世纪以来随私人收藏兴起而出现的负责藏品研究、保管和陈列的专职人员。随着艺术品在馆藏中数量增多和重要性上升，出现了专门负责馆藏艺术品研究、保管和陈列的人员。17世纪私人博物馆向公众开放后，开始出现早期的"策展人"。18世纪以后，一些大型博物馆在业务部门设置上按照地区、时代或相关主题进行细分，出现了专门负责某个地区、某一时代或某一主题艺术藏品的研究、保管和陈列的专业人员，其同时也负责相关领域的临时性展览，这就是我们现在所说的艺术机构常设策展人。19世纪末、20世纪初，随着欧洲前卫艺术的兴起，独立策展人应运而生。

从文献中看，最早有详细记载的美术展览来自意大利罗马的圣萨尔瓦多修道院。1675年12月，教区主教德乔·阿佐利诺发起纪念圣徒萨尔瓦多的美术展览，具体工作由朱塞佩·凯齐负责，他很有可能是历史上最早的策展人。18世纪后期，法国美术展览的灵魂人物是布朗·切利，他在1783年5月策划了纪念雷斯图和阿莱家族的美术展览。19世纪初具有影响力的策展人是曾担任过拿破仑博物馆馆长的多梅尼克·维旺·德农。从记录看，他们都注重展出作品的大小搭配而弱化年代顺序。[①]这可以被看作是美术馆的原始状态，即简单地从形式感考虑，将作品上墙或上架。这种现象到19世纪30年代就开始出现变化。1830年，德国国立美术馆旧馆筹委会主席威尔海姆·冯·赫尔伯德向国王汇报时说："这里的皇家美术馆与英、法不同，它系统地包括所有各个时期的绘画，提供了一个形象的艺术史。"[②]杜塞尔多夫和维也纳其他美术馆仿效这种方法。1836年在慕尼黑向公众开放的老陈列馆也是按时代进行分类和陈列展出的。建筑设计师列奥·冯·克伦

---

① 张乔：《17—19世纪的策展人——哈斯克尔展览史的横向解析》，《中国美术学院学报》2010年第1期。

② 转引自杰弗里·刘易斯：《藏品、收藏者的博物馆：简略的世界性综览》，《博物馆研究》1990年第4期。

泽解释说："美术馆应着眼于全民族而非仅仅一些少数喜欢表现个性的艺术家。"①
这种做法在今天已经成为常态。2007年艺术博物馆curators协会在《艺术博物馆
curators的专业实践》中指出："curators构思和指导展览，为艺术史上的特定作品、
艺术家、运动、文化或历史时刻提供新的启示，并使人们更好地理解这些展览。扩
大公众对主题的理解，提高观众体验的质量，应该成为任何展览的目标之一。"②

　　的确，我们看到一些美术馆对绘画作品给出像博物馆一样的详细说明标签，
由策展人写下一段解释性的话语。例如，波士顿美术馆在展出戈雅的绘画《糟糕
的一夜》(Mala Noche)时有这样一段阐释性的说明：

　　　　生意场糟糕的一夜："老天爷下了一场暴风雪，打断了正在招揽生意
　　的女人的交易。顾客们都待在家里，戈雅享受着愉悦，风变成前进的动
　　力，阵风吹过树林，掀起了披肩和短裙，露出女人匀称的双腿。如此摇晃
　　的姿势，她可能会跌倒。"

　　2006年中国美术馆举办"俄罗斯艺术三百年——国立特列恰科夫美术博物
馆珍品展"时，安排了相关的专业人员对作品进行讲解。有观众在留言本上写道：
"志愿者们能够讲得这么细致的是很少的，他们还能够把俄罗斯的音乐、文学贯穿
到美术中来讲……满足了我们六七十岁这一代人对俄罗斯文化的情结，……"也
有观众说："讲得这么入情入理，把画都讲活了，如对油画《母亲》的讲解，真的很感
动。我忍不住写了封信给美术馆。"③这表明，即便在美术馆，人们也不再满足于单
纯欣赏画作，策展人希望帮助观众更好地理解这些作品。1989年El-Omami做了
一项馆内调查，将结果分别送至艺术博物馆协会主席和美国博物馆协会策展人组
织时，其无一例外地指出除艺术史领域的培训之外，博物馆教育人员还必须有在
评估、观众研究、艺术教育和教育学理论上的培训。在这一点上，美术馆与博物馆
的想法越来越接近，我们也可以将这种现象称为美术馆的博物馆化。

　　然而，这只是一种趋势，即便在今天，并不是所有的美术馆都具有这样的想

　　① 转引自杰弗里·刘易斯：《藏品、收藏者的博物馆：简略的世界性综览》，《博物馆研究》1990年
第4期。
　　② Association of Art Museum Curators, *AAMC Professional Practices*, 2007.
　　③ 引自陈荣义的博士学位论文《中国美术馆的公共性研究》。

法。依然有许多美术馆并不想承担这种复杂的艺术史教育的责任,仍然将着眼点放在单纯的艺术欣赏方面,尤其是涉及现代作品的时候。这种做法并不会受到指责,因为它依然符合美术馆的使命陈述。

这意味着美术馆展览有两种不同的模式:低阐释度的与高阐释度的。所谓低阐释度是指,作品被纳入展览是被严格审查的,是与某一主题相关的,但并不会就作品本身展开专门的分析;高阐释度的展览品通过标签或其他方式,对作品进行翔实的介绍和分析。

为什么美术馆可以同时包容这两种不同的展览模式?这与美术馆展品的特征有关。我们知道,任何艺术品的创作都是一个传播的过程,这些作品是被作者作为一种表达的媒介而创作的,在一般情形下,这种诉诸图像或形象的作品比较接近生活本身,相对容易理解。当观众在参观美术馆的时候,存在着两种不同的审美方式:自然审美和专业审美。在前一种情形下,人们不借助于任何艺术理论或艺术史背景,单纯根据自己的兴趣观赏作品,他/她被某幅作品迷倒了,兴奋得手舞足蹈,但一切皆来源于心,来源于本能。①针对这种情形,主张不阐释或低度阐释的策展人认为,作品犹如文本,是一个开放的系统,其意蕴是相对的,允许每个观众根据自己的理解释读,策展人既无须解释,也无法给出标准答案。在后一种情形下,观众通常受过良好的艺术史和艺术学训练,对作品创作的背景,作者的生平、性格与风格,以及所采用的技法都很清楚。当他们观察作品时,能辨析出作品中隐藏的情绪、动机和诉求,从而加深对作品内涵的理解。主张高阐释度的策展人通过翔实系统的阐释,通过图像学、风格学和艺术史的分析,将更多观众从自然审美引向专业审美,以达到更广泛和有效的美学教育目的。长期以来,这两种不同模式在美术馆同时并存。

二、博物馆策展人与策展内涵

今天,我们通常称美术馆的策展人为curator,甚至在一些人眼中,curator似乎成为美术馆策展人的专属称谓。事实上,这个词在欧洲诞生在博物馆,最初的内涵是收藏品的保管与研究,所以有时也被称为博物馆馆长。到20世纪中叶后,

————————————

① 关于这一点,*Visual Culture*一书中对《干草车》的赏析可谓经典的案例。

curator基本上不再称馆长,馆长的普遍称谓是director或president。但如果馆长具有专业的学术背景,可以兼具curator这种专业身份。在这种背景下,curator一词的内涵变得含混和不确定,在不同的文化背景,甚至不同的时间段,对它的理解都有不同。但有一点可以确定的是,其内涵的变化存在着一种从原先主要关注学术逐渐向同时兼顾观众及传播过渡的趋势,这一点应该与博物馆承担更多社会教育使命有关。沈辰在《众妙之门:六谈当代博物馆》中提到,20世纪末招聘curator时主要关注应聘者的学术研究能力,期待他们就博物馆藏品做出前沿性的学术成果。但在21世纪,博物馆对curator的要求会更多,其职责会向公众生活领域延展得更多。在他看来,curator必须要对藏品竭尽全力地负责,进行有创新立意的学术研究,对公众有深入浅出的普及意识和能力。①

这样的要求对中国博物馆界的从业人员来说似乎有些"过分",或者说太"万金油"了。这种观念与博物馆业务部门不同的设置方式有关。在中国,博物馆基本采用按功能分类的"三部制",业务部门由保管部、陈展部和教育部构成。在这种制度下,策展主要是陈展部的事,他们通常并不负责藏品的管理和征集,也不从事某一专项的学术研究,而是负责展览策划和制作,并以此将学术研究的成果传播给公众。在这种情形下,策展人属于"传播型"人才,而非"学术型"人才。西方博物馆在部门设置上采用的是以学科分类的"一条龙"制,每一个部门负责某一个特定的学科领域,其工作包括该学科领域的藏品征集、保管、研究、策展和教育。作为部门负责人的curator显然应该是通晓所有相关工作的全能型人才。当博物馆需要推出一个展览,curator自然而然就成为展览的主要组织者与策划者。

那么,博物馆curator和美术馆curator的工作内涵有什么区别呢? 要理解这一点,我们首先要对两者的展品及展览设计的不同特点做出了解。

从展品的角度看,正如我们已谈到的,美术馆展品本身是一种图像语言,是作者与观众沟通与对话的媒介,具有传播学的意义。这种意义是开放和相对的,不同的人看到同一幅作品会根据自己的经验、阅历和认知得出不同的印象或结论。而博物馆的展品,除文献类外,其生产基本不具有传播学目的。它们是出于某种使用的目的,并不试图表达什么。和美术品相比,它们是沉默的,所承载的记忆和信息都深藏在物质中,如果不开展阐释工作,没有接受过专业训练的观众就无法

---

① 沈辰:《众妙之门:六谈当代博物馆》,文物出版社,2019年,第49-50页。

看懂。为了说明这一点,我们可以比较一下两者传播过程的差异。

　　一位观众在美术馆欣赏伦勃朗的《夜巡》,我们来分析一下这个传播过程:伦勃朗的创作过程可以被设想成一个信息的发送过程。创作活动是他对自己想法的编码过程,这些想法通过构图、色彩、光线等转化为一个具有传播力的视觉图像,被完成的作品就是其想法的信息载体。由于这种图像语言接近生活本身,容易被理解。当观众欣赏时,被这幅画吸引,得到感动与启发,这一传播目的至少部分地被实现。这是一个单一的通信过程,由于收报人具有自行解码能力,所以能够直接接收相关的信息。

系统 P(画家)→ 信息通道(美术品)→ 系统 A(观众)

　　现在,我们看到一位观众在博物馆参观展柜中的一块 13 亿年前的叠层石。叠层石是 8 亿至 18 亿年前,浅海生活的蓝藻在死亡时通过胶结作用形成的准化石。化石形成的过程也可以被视为一个编码和传播的过程,因为化石的形成过程中忠实地记录了当时的光环境。日夜变更与季节交替都会影响化石的肌理,通过高倍电子显微镜对肌理的研读,科学家们发现 13 亿年前的地球,一年有 14 个月,每天是 16 个小时。这样的一种编码原则是绝大多数非专业人士所不了解的,所以,仅通过对这件展品的观察,我们将会一无所得。因为我们不具备自行解码的能力。

系统 N(自然)→信息通道(化石)→系统 V(观众)

　　这意味着,在博物馆,如果我们不对展品做出必要的阐释,观众就不可能理解其中的意义和价值。所以,美术馆那种单一通信过程的传播在博物馆是无法实现的。正因为如此,博物馆的科研人员就要先成为收报人,因为他们受过专业训练,具有解码的能力。事实上,博物馆的科研工作就是解码的工作,通过这个环节,将信息与载体在观念上进行分离,以符号所记录的被分离的信息就是我们所说的科研成果。通过这一过程,从自然到人类的通信过程得以完成。

系统 N(自然)→信息通道(化石)→系统 M(博物馆)

现在,这块化石在博物馆科学家眼里与在普通观众眼里是完全不同的,他们通过研究和解读了解了地球时间的变化这一重要的自然事件,但观众看到的只是一块石头。这表明在博物馆如果不对展品进行阐释,观众不可能像美术馆的观众,多少有些收获。所以,博物馆展览必须肩负起阐释的责任。

系统M→信息通道Ⅱ→系统V

博物馆不是研究所,完成了化石的解读就意味着工作的结束。博物馆除了作为知识的生产者外,还是知识的普及者,负有知识公共化的使命,它不仅要通过研究让自己明白,还要通过展览阐释让观众也明白。为此它要构建一个新的通信过程。在这个新的通信过程中,它由原先的收报人转变为发报人。为使观众能理解这件化石的内涵,它必须要进行重新编码,这个重新编码工作就是策展。通过策展与设计,构建出一个新的信息通道,我们可称之为信息通道Ⅱ以与上一个信息通道Ⅰ区别。信息通道Ⅱ构建的过程,就是将科研成果转化为展览中帮助观众理解藏品的知识信息,它是否具有易理解性是判断其质量好坏的依据。观众如果由此看懂了展览中被阐释的叠层石,也就了解了13亿年前地球时间变化的事实。由此,博物馆就通过展览阐释成为一座沟通了过去与现在、人类与环境对话的桥梁,从而履行了知识传播的使命。

系统N→信息通道Ⅰ→系统M→信息通道Ⅱ→系统V

通过上述比较我们发现,对美术馆来说是可选项的阐释,在博物馆成了必选项。这种阐释的必要性导致了博物馆策展环节及工作内涵的复杂性,并造成了其与美术馆在策展方面的重要区别。

策展与阐释。对于美术馆策展而言,阐释的可选择性只是针对单体作品而言的。也就是说,对某一单幅的作品,它可以选择不阐释或阐释、低度阐释或高度阐释,但展览并不是单一作品亮相,而是一个作品集合体整体出场。所以,美术馆策展人不可避免还是会遇到阐释的问题,这种阐释呈现出整体的样式,其核心或者是对一批展品进行意义上的提炼和概括,或者是考虑某一作品与展览主题的相关度。通过这种概括和选择,作品被接纳在某一个主题框架中,进入到一个由思想观念构成的语境中,从而显示其意义和内涵。美术馆策展人的学术素养与眼光主要体现在这里。姚薇将策展人视作导演,她认为好的艺术家需要导演组织角色,好的画展需要导演确定主题。所以策展人应该是一群智慧之人:他们必须理解专业的学术理论,了解艺术家的风格、思维方式,关注当下的艺术形态。

可见,当代美术馆的策展人,是展览主题的提议人与创意者,是艺术家与展览机构之间的中介和协调者,并通过具体的操作将展览付诸实现的人。沃尔夫戈·普尔曼指出,他们应该具有主题创意的能力,专业圈子里的认可度、信任及良好的人脉,对作品质量的判断力,对公众兴趣的判断力,对作品所有权、使用权、合同规范、安全条例等的熟悉等。总体说来,他们的操作比较个体化,工作内涵的辐射面较广,在展览建设中扮演着类似总导演的角色。普尔曼总结说,美术展览的策展人应该是具有此方面特殊知识的专家,并具备广泛的实践经验,足以负责计划、领导并监督展览的实现。①

不仅展览主题的设定和展品选择,甚至空间条件的确定及具体的展出效果,都是策展人要关心的,所以策展工作呈现出明显的个人化操作的风格,展览效果与策展人的水平和能力息息相关,表现出对策展人的高度依赖性。

同样,博物馆策展也会遇到展品集合体的问题,包括主题设定和展品选择。这些工作通常是由策展人来负责的。所以,和美术馆策展人需要良好的艺术史背景一样,策展人也必须是与展览内容相关专业领域的专家,对藏品有深入的理解。然而,仅有此还不够,因为正如上面讨论的,对展品的阐释是博物馆的必选项,这是一个将科研成果与观众认知进行链接,帮助他们理解展品内涵的过程,是一个作业量很大、质量要求很高的工作。所以,在策展过程中除了上述的主题设定与展品选择外,还有大量对展品本身进行阐释的工作,包括为展品撰写帮助理解的各种说明文字。美国博物馆协会在2017年年会上提出了"教育策展人"(edu-curator)的概念,认为他们主要负责展品与观众的沟通,用适宜的传播技术帮助观众理解展览。在加拿大,这一角色直接被称为"释展人"(interpretative planner)。沈辰就策展人与释展人的关系做了说明:

对展览所要传达的文化含义理解最深刻的往往是以策展人/研究员

---

① 沃尔夫戈·普尔曼:《展览实践手册》,黄梅译,湖北美术出版社,2011年,第12页。

为代表的相关学术领域内的专家学者,但他们对观众需求了解不够,所以追求学术主导的展览一定会在博物馆展览诠释和观众理解之间产生差异。因此释展人职责的一个基本要求,就是对观众接受展览阐释的能力和意愿有全面的理解。一个成功的展览,需要有策展人和释展人的积极沟通与密切配合,以弥合展览学术思想和观众体验需求之间的落差。而策展人和释展人在内容设计与形式设计上的合作,既能更深刻地理解展览内容的意义,也能更全面地认识观众体验的需求,从而更容易通过展览建立起文化阐释和公众体验的关联。

策展与设计。美术馆展览主要由单一实物展品构成,展览组织形式通常是将绘画作品悬挂在展墙上或置入展柜,或将雕塑放置在特定的空间。在这个过程中,设计会涉及作品根据主题表达进行的分类,但更多关注形式上的美感,包括光色、照度、材质、肌理、调性等,并保证观众在舒适、清晰的环境中观看与欣赏。一位设计师如果通过自己的努力使作品看起来更美更高贵,就会受到赞扬。

博物馆展览设计无疑也要涉及视觉审美和空间体验的问题。博物馆是一个非正式的学习机构,观众的学习驱动主要来源于兴趣,而优美的视觉体验无疑是增强学习驱动的重要因素。然而对于博物馆来说,美只是一个前提,而不是目的本身。也就是说,博物馆必须给人以美感,但仅此是不够的,因为它同时也是一个社会教育机构,负有传播的使命。博物馆展览设计更重要的任务是解决阐释中的视觉传达问题,更准确地说,博物馆展览设计必须同时解决视觉美感和传播有效性问题。

从设计的角度看,博物馆是一个强烈依赖视觉传达的传播机构,展品的组织和组合方式,以及展品在空间的位置及其与背景的关系,对观众理解展品的内涵都具有重要的意义,涉及复杂的展品要素及空间构成。

比如,在日本横滨历史博物馆的这个展览设计(图1)中,视觉传达要素(树林和采集者)、实证要素(盛放颗粒状食物的陶罐)和阐释要素[显性阐释要素(标签)和隐性阐释要素(视频)]紧密组合在同一视觉

图1　日本横滨历史博物馆的陶罐陈列

图2　"车轮上的美国"展览中的车站候车室场景

图3　日本福冈市博物馆的通柜展示

下，形成互相支持的视觉整体，使人们很容易认知这一时期人类采集活动的各个方面，并借此了解当时人们的生存状态与生活方式。相反，如果在设计中将这三种要素分离，观众则难以形成这种整体印象。

展品之间的距离也可能成为阐释的关键要素。在美国华盛顿历史博物馆的"车轮上的美国"展中，设计师通过两位候车者之间的距离，反映了当时美国社会的种族歧视和隔阂现象(图2)。

在这个展项(图3)中，设计师采用追加照度的方式，让关键展品从众多展品中脱颖而出，从而使观众将更多的注意力投向它，保证观众能迅速抓住展览的重点。

博物馆阐释是一个与设计密切相关的工作，在一定程度上需要设计师(designer)通过形式语言来完成。由此，展览的阐释工作不仅仅是释展人的工作，还应得到展览设计师的配合。1967年，马歇尔·麦克卢汉在纽约召开的一次研讨会就达成了这样一个共识：一个展览，无论何种类型，无论多大规模，在策划时都务必将跨文化的理解和阐释问题置于首位，而一个好的展览设计必须与内容相合，必须与阐释相通。

不仅如此，在当代的博物馆展览中，为了更好地展开阐释与叙述，还要制作相关的非实物展品，包括造型物、媒体和装置。这些展品的创意和设计也与展览的传播效益及观众的观展效益息息相关。比如一个介绍某件展品内涵或某一事件过程的影视片，涉及脚本编写、故事线营建、形象设计及后期剪辑，往往构成了一个独立的项目。所以在加拿大，将从事这类项目设计的人称为"媒体设计师"(media producer)。这就决定了博物馆策展通常不是一个个人化的行为，而是依赖于团队的作业(图4)。

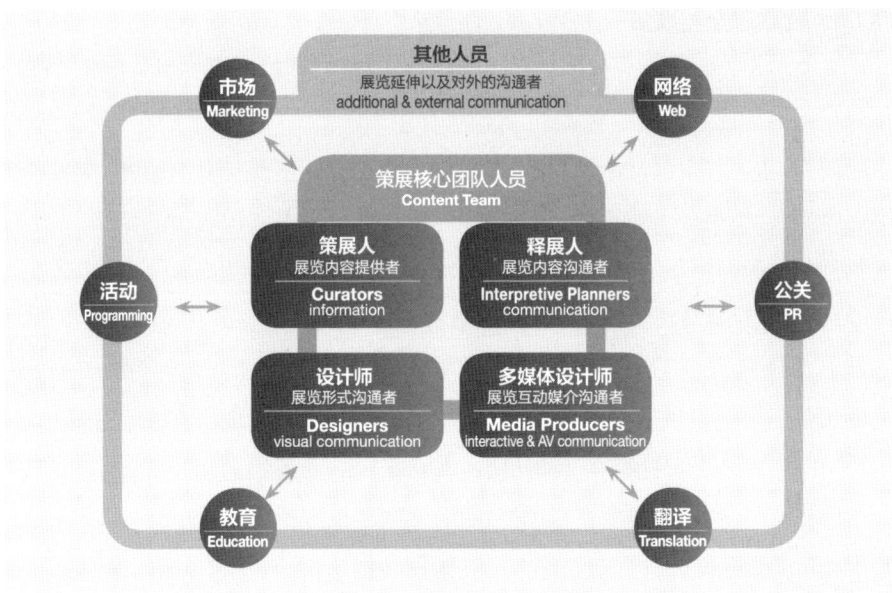

图 4　释展人在策展团队中的位置①

三、关于博物馆的美术馆化现象

在展览的历史与现状中,我们既看到了美术馆的博物馆化现象,也看到了博物馆的美术馆化倾向。关于前一个问题,我们在前面已经做了解释,现在我们来讨论一下后一个问题。

对展品进行阐释是博物馆的必选项,这是由博物馆社会教育的使命所决定的。我们同时也指出了,由于艺术作品本身的高自明性,以及理解的主观与相对的性质,对展品进行低度阐释是允许的。但如果博物馆也借此逃避展品阐释的责任,满足于将展品简单地放置在展览容器中,只关注展览和展品的审美品质,把美视为展览的主要目的,那就是我们所说的"博物馆的美术馆化"。

如果说美术馆中关于低度阐释和高度阐释的分歧与策展人对美术作品理解的不同观念有关,是两种不同观念的冲突的话,那么,因放弃展品阐释责任而出现的博物馆的美术馆化,情况要复杂得多,通常与下列因素有关。

---

① 沈辰:《众妙之门:六谈当代博物馆》,文物出版社,2019年,第90页。

1. 收藏理念与政策

早期的个人收藏具有强烈的精英化色彩，收藏家竞相追逐杰作与精品。这一点充分体现在古董市场的活动中，我们可称之为古董市场的价值观。随着地方意识的增强、实证科学的兴起，以及产业革命后产品代际更新频率的加速，收藏的范畴迅速扩大，类型极大增长，收藏的价值取向也出现了重大转向，并呈现出明显的去精英化趋势。物品的审美品质和经济价值不再是收藏者考虑的全部，甚至不是重点，社会记忆载体的角色、内蕴的信息与知识含量成为收藏关注的核心。在此基础上，博物馆展览建设的重点转向阐释，关注展品阐释的深度及效果。一个地方博物馆不再仅仅展示馆藏精品，而且要通过对作为记忆载体的展品的阐释，向本地居民和外来观众介绍自己的历史与文化。

然而，在一些负有传播使命的博物馆，尤其是地方博物馆，馆长们并没有真正理解自己的角色与任务。他们把自己视为博物馆馆长，而非地方博物馆馆长。在他们看来，自己的工作重点就是向大家展示所收藏的精美物品。至于系统收集、整理、研究这片土地的社会记忆载体，并通过展览阐释向人们讲述一个土地和人民的故事的责任，他们并没有意识到。正因为如此，他们的收藏理念没有与时俱进，依然停留在古董市场的价值观上，将美丽与珍贵视为收藏的第一要义。在这种理念指导下，他们热衷于到拍卖市场举牌购买"宝贝"。于是，我们在藏品清单上看到的是按艺术品材质分类的玉器、瓷品、青铜器、书画等，这和地方博物馆应该反映人们生产、饮食、服饰、交通、战争、教育生活等生存状态与生活方式的要求相距甚远。

收藏主要局限在具有较高审美价值的物品，从资源层面上为博物馆的美术馆化奠定了物质基础。由于这类展品对观众具有较大的吸引力，能满足人们欣赏的愿望，所以在展览中可以具有阐释与不阐释两个选项，这就为博物馆规避阐释责任提供了可能性和合法性。在这种情形下，展览建设所关注的主要是艺术效果，一味朝审美的方向发展，导致了博物馆的美术馆化。

2. 展览设计团队

通过展品阐释履行博物馆教育使命，也对展览建设团队提出了不同于精品展的要求。精品展的建设主要关注展览的艺术与审美效果，工程内涵也多为标准化项目，比较接近于室内装修。在这种情形下，设计师主要考虑的是展览的美学品质，考虑为展品提供更好的空间环境，他在设计布展时甚至不需要理解展品内蕴的文化意义。

对于一个以阐释为主要工作内涵与任务的博物馆来说,理解展览的传播目的,理解展品的文化内涵及其与展览主题的相关性,是其工作的前提。工作的核心是构建上述的信息通道Ⅱ。在这项工作中,当展览的设计师希望观众对通过设计传达的内容有所理解的话,那他自己就应该先期进行理解,因为他不可能将一个连自己都不明白的内容通过设计让观众明白。所以,他必须沉下心来努力阅读相关的文献和策展文本,使自己对展览主旨与展品内涵有明确和深入的理解。在展览设计过程中,他还会涉及古代事相的考证,否则就会违背历史的真实性。此外,他还要了解观众的认知与行为特点,保证设计具有更好的传播效益。为此,他要学习博物馆学、心理学、教育学和视觉传达,甚至要了解生理学,因为这对于帮助设计避免或消除观众疲劳是有益的。这些都是博物馆展览的设计师与建设者应该掌握的。如果展览设计团队既没有掌握这些知识与技术的能力,又缺乏进一步学习的兴趣,那就只能满足于视觉上的效果,其结果就是博物馆的美术馆化。

3. 观众的动机与习惯

许多观众即便是到地方博物馆,也是为了观看宝贝,尤其是镇馆之宝。这种情形产生的原因,一方面,是历史的惯性。长期以来,人们所遇到的大多是"精品展",久而久之,在他们的心目中,博物馆就应该是这个样子的。在这方面,他们与上面提到的馆长类似。另一方面,这也与教育传统有关。我们的教育传统具有较强的功利色彩,人们总是期望学习能带来丰厚的利益回报。博物馆是一种非正式教育机构,其教育目的主要是更全面地发展自己,通常不会有所谓利益上的回报。这种情形会导致学习动力不足。学习相比于欣赏是更辛苦和费神的工作,所以人们通常会满足于视觉上的观赏性,这也在一定程度上支持了博物馆的美术馆倾向。

但这并不代表全体观众的想法,也有许多观众是带着困惑和问题来到博物馆的,希望能寻找到答案。如果展览在阐释与传播方面缺乏能力,无法为他们解惑,不能给他们带来新知与启发,他们就会逐渐失去学习动力。相反,如果展览具有良好的阐释能力,能够帮助他们有效消除困惑,他们在获得成就感的同时也会增进学习的兴趣与动力。如果我们在这方面获得成功,我们就在事实上培育了健康的博物馆观众市场。而当人们开始习惯出于知识、情感与价值观的目的到博物馆去开启探索之路,那么,阐释与传播就会受到激励,就能反过来推动博物馆更好地履行自己的使命。在这样的互相影响和推动下，博物馆观众的科学文化素质会大幅提升，人们的生活也会闪烁更多智慧之光而变得充实与精彩。

博物馆的美术馆化对其响应学习型社会建设，履行社会教育使命是不利的，造成了大量珍贵的遗产价值在表达中流于表面和肤浅，无法实现其沟通记忆、传播经验与智慧的媒介作用。这最终会导致博物馆与时代需求脱节，从而被当代社会抛弃。要解决这一问题，关键在于博物馆人对当代博物馆责任与使命的正确理解，以及对展品阐释在履行使命中的重要意义的深刻认识。只有这样，博物馆才能制定正确的收藏政策，真正成为社会记忆的采集者、保存者、研究者与阐释者，并以此服务于人类的学习生活。博物馆展览的建设者要加强博物馆学教育，正确认识展览建设工作的责任与内涵，增强阐释与传播能力，使博物馆成为真正的学习乐园，通过推出引人入胜、具有良好传播效益的展览，使观众在愉悦的环境与气氛中获得知识，启迪思想，增强学习动力，并以此为契机改变对博物馆的期待。当观众带着求知的愿望和信心前往博物馆时，博物馆才真正为自己在现代社会的存在找到了理由。

关于博物馆"策展人制度"项目化管理方式的构建

一、引言：旧博物馆管理模式的局限与新时代展览发展的需求

20世纪的博物馆行业,由于社会关注度主要集中在物质生产与追求层面,审美教育的不完善使得公众很少走入博物馆欣赏艺术,了解历史。所以对于博物馆的从业者而言,没有来自社会需求的压力,博物馆行业变成"稳定""养老"的"冷板凳"。然而在当代,人们在丰衣足食之后开始了对精神享受的追求,而也是在这个时候,博物馆施行了"免费开放"。于是,更多的人走进博物馆,了解博物馆,开始由衷地热爱文物和展览,积极参加各类博物馆的教育与体验活动。公众的这种思想与行为的转变让许多博物馆显得有些措手不及,如果还是延续旧的管理与经营方式,必然不能满足观众的需求,也不符合时代的发展趋势。所以,与时俱进、创新改革是博物馆可持续发展的根本所在。

这种创新的必要性体现在部门的设置上。博物馆的三大职能是保管、陈列、教育,所以在过去,博物馆的主要职能部门设置为保管部、陈列部、群工部(本文称其为"旧博物馆管理模式")。每个部门各司其职,看似科学,不会发生工作失误,也不会耽误工作进度。但是问题在于,每个部门只对自己的工作负责,却没有人为展览效果与观众满意度负责。在这三个主要职能部门中,以保管部为核心,陈列工作和群众教育工作都是围绕保管部开展的。许多陈列部的同志不熟悉馆藏,不能策划展览;许多保管部的同志注重藏品的保护和研究,对展览与群众教育工作不闻不问。群工部是接触观众最多的部门,他们了解观众的需求,但是却没有策划展览和研究的机会。面对这些问题,新一代的博物馆领导人纷纷改革,变"横向"为"纵向",打破"保管"和"陈列"的界限,按照文物类别成立专业部门,如

故宫博物院的古书画研究部，天津博物馆的书画部、器物部，南京博物院的古代艺术研究所，等等。这样的部门分配方式有助于专业人才的培养，但是同样有利有弊。一方面，是工作量的增加。在同一个业务部门，策展人同样也是文物保管员、文物研究员，基础工作与临时性的工作都要做，时间与精力的占用都不能支持其对于展览策划的深入研究。另一方面，更重要的一点是，每个研究人员都根据自己的研究专长策划展览，展览内容更加局限，忽略了当代展览的多元化与普适性。

新时代的展览模式主要分为基本陈列、原创大展和引进展览三种类型。其中，基本陈列可以由各"纵向"专业部门负责，而原创大展和引进展览两类却没有固定部门负责。而恰巧这两种类型的展览是当今时代博物馆展览中最能吸引观众的，所以当代博物馆应该建立一个部门或是一套项目机制，来完成这两类展览的策划和执行工作，以获得更大的社会效益和经济效益。国内许多博物馆逐渐开始成立特展部、发展部、对外交流中心、业务办公室等职能部门，主要负责主持大型展览以及馆际交流等方面工作。然而，具体到实际操作，这种模式还不够完善。这种不完善体现在对"策展体系"的认知层面。所以，笔者认为需要理清博物馆策展工作的范畴，推行一套"策展人项目制度"。其主要借鉴企业化的管理与经营模式，由策展人负责主持、建立团队，负责团队人员的构建与经费支配，以观众体验反馈与产品经营收益来评估成果，最终形成一套完善的"策展体系"。

二、"策展人项目制度"的基本内容与实施流程

无论是博物馆，还是其他单位，工作职能范畴是开展工作之前需要理清的事情。也就是说，要明确该职位的工作任务和最终目标，这样才好把控全局。针对博物馆展览工作来说，其目的就是使观众了解展品的文化、历史、艺术内涵，从而激发其对博物馆及其相关文化的热爱。从这个方向出发，博物馆首先应该寻找观众感兴趣的展览主题，挑选能够说明这个主题的展品，然后通过形式设计呈现出来，再通过各种教育活动使观众参与其中，还要从经济效益的角度考虑，设计生产出一系列的衍生产品，最后针对观众体验调查以及产品的销售额来评估一个展览成功与否。所以笔者认为，随着当代展览行业的发展，策展人不能仅仅局限于"撰

写展览大纲——挑选藏品陈列"这种单一的陈列模式,新时期的展览策划工作应该更具全面性与多样性。

如图1所示,展览应该由策展人主动发起,并且策展人要做好相关的准备工作。例如:首先应当做市场调查,找准观众感兴趣的展题,或者大时代背景下的热点等。之后需要将这些想法形成文字,概述其目的、意义以及主要内容。此外,策展人应该在本馆范围内寻找适当的合作伙伴加入策展团队,还要计算出该展览项目所需要的经费以及展览的目标效果。当策展人将一套准备方案做足之后,应召开宣讲会,邀请馆领导、相关领域专家以及观众代表参加出席。策展人可以利用多媒体手段表述自己的展览设想;馆领导从政治方向、实际操控力等方面把关;专家从专业角度进行论证分析;观众从趣味性与兴趣点等方面发表意见。最终三方意见汇总,讨论表决实行与否。

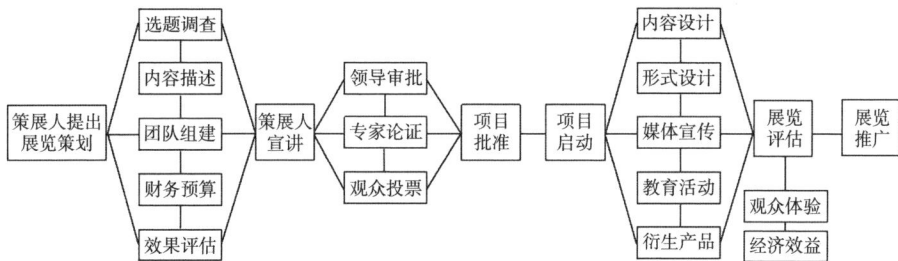

图1　"策展人项目制度"的基本内容与实施流程

策展人工作范畴如图2所示。首先是展览主题的确立,策展人应根据本馆藏品特色与市场调研中的观众需求,乃至当今社会最为流行热门的文化现象或学术前沿等多个因素,来确定展览主题。然后根据展览主题挑选文物,如果文物因为品相不好需要修复,应当提前申报。在这里需要强调一点,策展人应当拥有馆藏文物的文字与图像资料,这样才便于挑选与研究文物。接下来是展览大纲的撰写,包括前言、单元说明、文物名称与说明、辅助图板说明等一系列文字,之后还要做相应的英文及其他语种的翻译。这一板块的工作是整个策展工作的核心内容,其他板块都是依据展览的主题与内容来开展工作的。

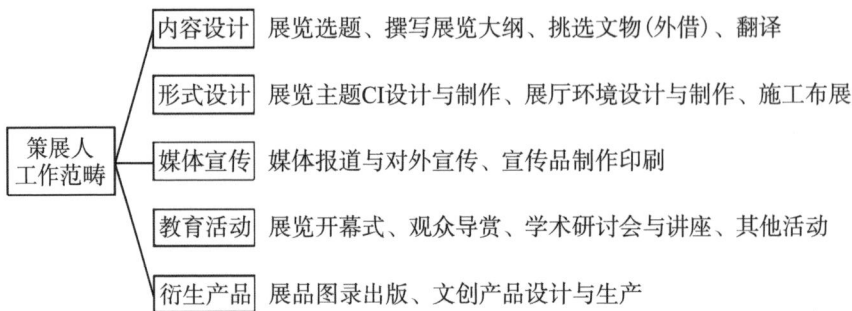

图2   策展人工作范畴

在旧博物馆管理模式下的实际工作中，"形式设计"工作普遍由陈列部来完成。随着设计艺术的不断发展与进步，陈列部的工作人员不能满足当下观众的审美需要，于是很多博物馆又将此工作内容交由设计公司。但是，设计公司的设计人员不能快速理解策展人想要表达的主题内涵，甚至不了解文物展览的功能与价值，所以双方在交流沟通方面会产生很多困难。这就要求在策展团队中有专业的设计人员，或者策展人本身就具有设计美学素养，这样形式设计才不会与内容设计相脱离。展览需要一个主题设计，也就是在设计专业中俗称的CI。CI的中文解释是"视觉识别系统"，规范一个企业或活动的颜色、标志等视觉内容，比如展览的主体色调、题目文字的字体、标志、说明牌的材质等，这些对展览的格调品位与视觉规范十分重要，也会对观众的参观意愿产生推动作用。另外，展厅的环境设计也是十分必要的，包括展柜的摆放、场景的搭建、灯源的调整等。许多展厅都是固定展柜，需要策展人能够因"地"制宜，因"材"施策。文物布展是在平面设计与环境设计完成的基础之上再进行的，不然会有文物安全隐患。

宣传是影响展览成功与否的重要工作。展览策划得再好，没有大力的宣传，也不会产生好的社会效益。策展团队中需要有专人负责记录拍摄、媒体宣传方面的工作。其需要策划宣传节点，例如在布展、开展及举办相关活动时能够联系媒体或本馆网站做出相应的新闻报道，并且在本馆内明显的场地进行对新展览的宣传。如果宣传经费充足，甚至可以考虑做广告。宣传品包括海报、宣传册等的设计，也应该由策展团队完成。需要注意的是，无论哪种设计形式，都要建立在主题CI设计的基础之上，不要另辟蹊径。

社会教育是博物馆社会职能的体现。很多展览过于专业或艺术，使观众在理解上有些困难。这就需要策展团队提供相应的服务，如讲解、语音导览、举办各种专业讲座与沙龙,并且可以针对不同的观众目标群体开展适合儿童、学生、老人等围绕展览的各类活动。当然,这个板块的内容需要大量的人员支持,所以策展团队可以考虑招募志愿者或实习生来辅助完成。志愿者的工作职能并不仅局限于宣教部的讲解与服务工作,对于展览的宣传推广,他们同样可以发挥热情与能力。

所谓的衍生产品实际上就是根据展览内容所设计制作出来的文化艺术创意品,用于获取经济利益。这是博物馆获取经济价值的一项很重要的内容。衍生产品的类型很多,最为常见的则是展览图录与画册,将展览的展品全部收录进去,并且配以文字介绍说明与专业性的研究文章,可以让观众得到此展览完整的信息资料。除此之外,还可以根据展览设计出一系列的文化创意产品,如徽章、文具等,使观众可以把博物馆"带回家"。

在展览结束之后,馆方可以对该展览进行评估。展览的目的是社会效益和经济效益的双赢,社会效益可以通过观众服务的调查反馈、参观观众人数等信息得知,经济效益可以用开发的衍生品收益、门票收益等衡量。同时,策展人还可以将这套成熟的展览向其他博物馆进行推广,开发更大的社会效益与经济效益。

三、"策展人项目制度"的相关问题

(一)"策展人"的选培与素质要求

策展人实际上是一个展览的灵魂人物,就如同一部电影的导演,是具有创造力的艺术家,并不是谁都可以胜任的。所以博物馆领导对于策展人的选培是需要十分慎重的,要对其性格、素质、能力等多方面进行考量。

第一,策展人应该具有个人风格,形成个人品牌。一位高水平的策展人事实上就是一位高水平的艺术家。艺术家就要有自己的个人风格与个人品牌,使观众可以看到作品就能知道是来自哪位艺术家。从选题到大纲编写,再到设计风格,都应贴上策展人风格的标签。当然,这种风格应该是以大众审美为出发点的,具有时代精神与艺术美感,而不是光怪陆离、哗众取宠的。策展人要将每一个展览都当成自己的艺术作品,导演这场艺术盛宴,逐渐形成自己的风格,创造品牌效应。

　　第二，策展人要具有强大的气场与人格魅力。很多人都会忽略策展人自身的性格与外在条件。一个成功的策展人需要在领导及同事面前介绍自己的展览构想，需要为观众进行展览导赏和解析，需要与其他博物馆进行交流合作，推销展览产品。所以，策展人需要具备强大的气场和个人魅力，才可以在面对面交流中感染对方、说服对方。所谓"明星"策展人，不只是其展览作品具有个人风格，其形象气质、举止谈吐都会为自己加分许多。

　　第三，策展人必须具有组织与协调能力。组织与协调能力是每一个团队领导者必须具备的素质。在团队工作之中，如何安排工作，如何沟通关系，都会体现策展人的组织能力。策展人需要具有清晰的逻辑思维、高效率的工作能力，以及人际沟通能力。一个大型文物展览涉及的工作十分广泛，牵扯的环节也十分多，策展人作为一个大型文物展览的组织者，不仅要从宏观方面对整个展览进行政策、方向上的把握，而且还要从微观的角度，对整个展览运作的各个细节进行布局和调整，因此优秀的组织能力和运筹整个展览的能力是策展人必备的条件之一。

　　第四，策展人需要具备专业技能和专业素养。针对全面、专业的市场调研结果，策展人必须有敏锐的专业嗅觉、明确市场的需求，不仅要针对需求设计出文物展览主题思想、相关内容、文物清单等的策划方案，而且还要策划出市场运作的整体方案。策展人须对全国的文物资源有深入的了解，因此还必须具备学者的身份，对相关的历史、文物专业知识有所了解，并对国家相关法律、法规有深刻的理解。这是策划任何一个文物展览的先决条件。

　　第五，策展人需要具备扎实的美术功底和高格调的审美能力。每个展览都应该是一件艺术作品，都要传达给观众知识和美的东西。这就要求策展人具有扎实的美术功底，并且对物体的比例、色彩及摆放环境要有深刻的认知，可以通过各种手段去展示展品的内在和外在的内容。在整个展览的色调、造型的把握上，要从绘画的角度去理解，但还要结合"三大构成"的理论去分析，这样才能掌控住整个展览的设计方向。

　　第六，策展人需要熟悉计算机相关设计软件，熟悉各种应用材料，对美工类材料的材质特点、应用方式、表现效果要有准确的认识。不具备这些知识，作为展览的策划者会无法与具体设计人员沟通，达不到应有的设计表现力，展览也就做不好。对施工图纸的较强分析能力，这是进行施工监督的基础。策展人还需要对光环境、多媒体等高新技术进行了解，用最前沿的科技来实现展厅的布景效果。

（二）策展团队的构成与组建

策展团队的人员构成应该遵循"贵精不贵多"的原则,应该由策展人牵头组建团队,参与人员需要对该展览有足够的热情与高水平的工作能力。策展人在组建团队时不能仅仅局限于同业务部门的同事,更应该将选择的范围扩展到本馆其他部门中,团结有志于策展工作的人才,而不是硬性分配任务。如果馆内工作人员在工作能力与工作态度方面不能满足策展人的工作要求,作为策展人甚至可以考虑招募志愿者或实习生来帮忙协助,但是要在保证文物安全的前提之下,这就需要策展人在分配具体工作时有所把握。无论选择哪类人才加入策展团队,都是为了更有效率地完成展览策划工作。策展团队中主要的人员构成如图3所示。

图 3　策展团队人员构成

文案人员需要具有深厚的专业知识与学术背景,熟悉与该展览主题相关的学术研究领域,主要负责撰写展览大纲、挑选展品、编写图录与研究性文章等工作。一般来讲,这部分工作都由策展人亲自负责,是整个展览的核心与灵魂。但一个构思成熟的展览也需要专业的艺术包装,无论展厅布置,还是CI设计,都需要具有一定的形式美感,所以策展团队中需要美术设计人员。其需要从始至终与策展人、文案人员共同策划展览,要深入了解展览的内容与格调,从而设计出与展览主题品位相符的艺术形式。这类人员一般要具有深厚的美术功底,并且要熟悉相关计算机设计软件。如策展人自身也具备美术设计能力,则更能将展览的效果表现出来。展览的宣传推广与相关活动在过去的博物馆展览工作中没有受到十分的重视,但是随着近年来博物馆事业的发展,教育职能愈发体现出其重要性。外联活动人员要负责展览一系列的媒体宣传计划,联系媒体并安排相关的社会活动,所以需要性格外向、策划组织能力较强的人员担当此工作。

上述人员构成只是按照策展所涉及的工作进行划分,并没有限定具体数量。具体成员也可以依据实际工作能力,兼任多个岗位,以免去岗位职能间的程序烦冗与沟通障碍。

(三)策展项目经费问题

策展工作中的经费问题一直是比较敏感的。展览经费的来源、分配以及收益都由谁来负责,事实上都是策展人应该考虑的问题。笔者将策展经费来源、使用等汇总为图4。

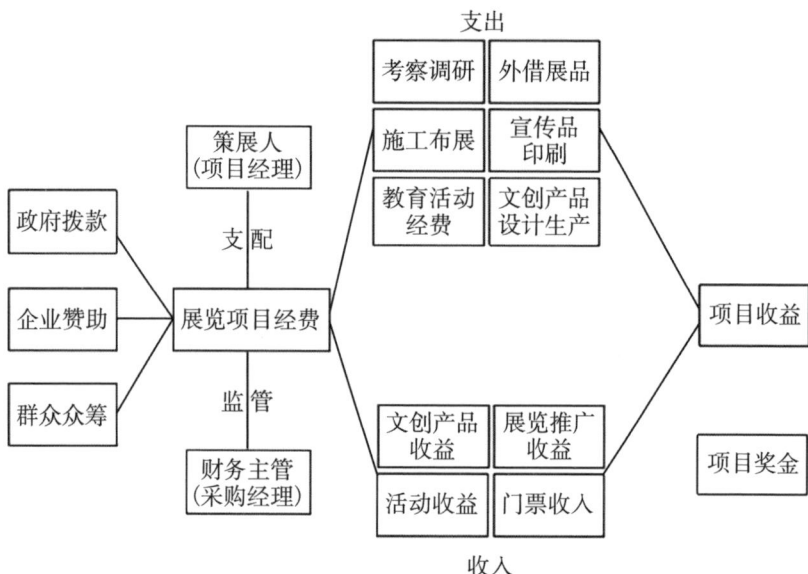

图4 策展经费来源、使用等

如图4所示,展览项目经费主要来源有三种,一般最主要的是政府拨款,可供该展览布展及其他工作使用。策展人还可以通过其他渠道筹募展览经费,如企业赞助和群众众筹等。目前许多企业愿意赞助文化产业,当然它们需要适当的广告宣传作为回报,策展人需要注意,广告的宣传不要过度甚至喧宾夺主,让观众觉得商业气息过于浓厚。另外,新兴的众筹方式在策划一些小型展览时也可以考虑。与提供赞助的企业一样,参与众筹的群众也需要获得回报,可以根据其赞助的金额有不同的优惠条件,比如赠送文创衍生产品或邀请其参加相关活动等。无论是企业还是个人,愿意赞助文化事业的都不是想通过此行为获得多么高额的经济回报,相比之下,他们更注重文化展览背后的服务与社会效益。所以,博物馆和策展人完全可以据此来筹募展览经费。

展览经费到位后,应由策展人管理支配。博物馆领导者应该给予一定的财政支配权力,尤其是策展人自身通过个人渠道筹募到的企业赞助与群众众筹经费。策展人可以根据展览过程的需要将这些经费用于调研考察、布展、宣传品印刷、文创产品设计生产等。当然,如果策展人一人独揽财政大权,则有可能出现贪污腐败现象,这就需要有一个监管机制。可以采取企业的项目管理运营方式,策展人如同企业中的项目经理,在项目开始之前做出预算,预算金额需要财政审批。本馆的财务部门可以作为监管人,如同企业中的采购经理,双方互相制约,起到监督监管的作用。

经济效益也是衡量展览成功与否的标准之一。门票收入、活动收入以及文创产品的经济收入都将纳为该展览项目的收益,策展人甚至可以将展览作为宣传产品,将其推广到其他博物馆或商业展馆(以符合展品展出条件为前提),获取更大的经济与社会效益。

策展人和策展团队对展览的辛勤付出应该获得相应的经济回报作为奖励与肯定。如果博物馆领导者认为这是其本职工作,不给予奖励,则会大大打击其积极性。所以,笔者建议要设立项目奖金,根据策展团队中的工作程度按劳分配,多劳多得,以激励更多的策展人积极创作更好的展览,产生良性循环。

四、结语

策展是博物馆众多工作中的一项,但确实是最能够实现博物馆经济和社会效益的工作。对于策展人自身而言,一个展览就是自己创作的一件艺术品,是自我价值的实现。博物馆领导应当给予策展人相应的权限,为其提供展品研究的条件,激发其对展览策划的热情,从而策划出更加受观众喜爱并且具有灵魂的原创性展览。

博物馆多为全额拨款的事业单位,工作人员容易养成吃"大锅饭"的习性。新时代的博物馆应该借鉴企业的管理模式,无论是从制度管理层面还是经营运作层面,都应该努力跟上时代的趋势,最大限度地利用馆藏资源,在注重社会效益与服务观众的基础上,也争取获得经济效益。

由于本文仅仅停留于理论层面,没有结合具体的实践经验,所以其中部分内容会有不完善之处,待修改以形成一套完整并且普遍适用于博物馆策展工作的"策展人项目制度"。

参考文献

[1] 黄光男：《博物馆企业》，文化艺术出版社，2011年。

[2] 黄光男：《博物馆新视觉》，文化艺术出版社，2011年。

[3] 蒋文博：《独立策展人的制度化与中国化》，《中国美术馆》2008年第1期。

[4] 齐玫：《博物馆陈列展览内容策划与实施》，文物出版社，2009年。

[5] 汪滨、吕锐：《中国大陆地区策展人历史及现状分析》，《大家》2011年第6期。

[6] 王春雷、陈震：《展览项目管理：从调研到评估》，中国旅游出版社，2012年。

[7] 王宏钧：《中国博物馆学基础》，上海古籍出版社，1990年。

[8] 王筱冰：《中国当代策展人的困惑与尴尬》，《中国美术馆》2011年第4期。

[9] 沃尔夫戈·普尔曼：《展览实践手册》，黄梅译，湖北美术出版社，2011年。

[10] 谢勇：《如何成为优秀的博物馆陈列策展人》，《学理论》2010年第6期。

[11] 于洋：《策展人及其培养路径》，《中国美术馆》2011年第4期。

以观众为中心的策展实践启示

——从美国教育策展人（edu-curator）说起①

王思怡

正如 Adrian George 在其《策展人手册》中概括的那样："策展人(curator)②一词在当代所指涉的内涵比以往更为广泛。为展览选择展品并提供阐释，或许是策展人最为人所熟知的工作。然而，今日的策展人这个角色更融合了制作人、行政人员、展览规划、教育工作者及管理组织者的职能。"③[1]这预示着博物馆策展模式的转变。从其对于馆长与策展人的学术训练来看，传统博物馆在策展工作中遵循着一系列严格标准。同时，传统博物馆的行政组织架构是"等级森严"的，其划分的各部门也往往与互动交流无缘，就如"自耕自家田"。④[2]这样的情况不仅出现在美国，在中国也是类似的。但近几年来，美国博物馆学术界逐渐提出以观众为中心的实践范式，同时也进行着各领域合作策展的实践，而 edu-curator 概念的提出也说明了博物馆教育人员以及观众的话语权变大，教育功能在博物馆中的价值越来越突出。

一、博物馆实践中的范式转变

在美国，传统博物馆是以策展人为中心的，因此一定程度上在展览策划早期

---

① 该文内容发表于《自然科学博物馆研究》2019年第6期。

② 在中国，并没有与国外所称的 curator 相同角色的对应职位，美国的 curator 隶属于博物馆系统，具有很高的学术素质，在馆内进行藏品研究，在藏品研究的基础上撰写文本策划并指导展览的创建。按照《curator 与 "策展人" ——不同展览机制下的职能差异》中的讨论，关于 curator 一词，在国内博物馆界没有直接对应的理解，常用的 "策展人" 是一种源自中国台湾的误译。在西方博物馆系统中，curator 的工作职责包含了研究、典藏管理、展览策划等一系列工作，并且 curator 本身也分为不同的级别。"业务主管馆长" 或 "研究馆员" 的翻译也没全面反映 curator 的工作范围。因此，本文暂且将 curator 翻译成 "脍炙人口" 的 "策展人"，但该译名并不影响本文所阐述的观点。

③ Adrian George. *The Curator's Handbook*, Thames & Hudson, 2015, p.2.

④ Pat Villeneuve and Ann Rowson Love eds.. Visitor-Centered Exhibitions and Edu-Curation in Art Museums, Rowman & Littlefield, 2017, pp.13, 85-96.

阶段就自动排除了教育等其他一些功能，这便造成了策展人的"孤军奋战"。①这个范式一度盛行，直到最近20多年来，一些出版物和政策规定尝试提出一种灵活的以观众为中心的博物馆实践范式。

荷兰博物馆学家范门施（Van Mensch）在1990年的出版物中率先提出了这一转向。②在他的博物馆学方法论中，他将博物馆的传统五大功能——收藏、保护、展示、研究、教育——精简为保藏、研究和交流。③他所提出的交流功能是展示与教育的合并，旨在强调一种使博物馆观众通过展览受益的合作方式。

1992年，美国博物馆协会发布了里程碑式的政策报告《卓越与平等：博物馆教育与公众维度》，该报告表达了策展功能优先次序的改变，报告称："博物馆应将广义的教育放在公共服务的中心位置。保证在各博物馆的任务与使命中清晰地提到公众服务，同时将公众放在任何博物馆活动的中心。"④报告建议："发展与个人、机构、企业和其他博物馆间的合作，以拓展博物馆的公共性，赋予其教育的使命。"⑤

同年，法尔克（Falk）和迪尔金（Dierking）出版了著名的《博物馆经验》，其中的体验模型阐释了三大影响博物馆参观的因素：个人（包括先前经验、兴趣和动机）、社会（互动和调和）和身体（空间和设计）。⑥模型中强调的各种不同因素为不同的博物馆提供了影响观众体验的机会。这之后不久，海因（Hein）与奥佩尔-格林希尔（Hooper-Greenhill）等学者陆续探讨了建构主义博物馆，这一概念改变了观众诠释的职责，旨在从展览手段转向至创造个人价值。⑦

在20世纪末，美国著名的博物馆学理论家韦尔（Weil）提出了一句脍炙人口的评论："博物馆必须从'为物而建'（being about something）到'为人而设'（be-

---

① Ann Rowson Love and Pat Villeneuve eds.. *Visitor-Centered Exhibitions and Edu-Curation in Art Museums*, Rowman & Littlefield, 2017, pp.9-20.

② Peter Van Mensch. *Objects of Knowledge*, Athlone, 1990, pp.141-157.

③ Edward P. Alexander and Mary Alexander. *Museums in Motion*: *An Introduction to the History and Functions of Museums*, American Association for State and Local History, 1979.

④ Ellen Cochran Hirzy. *Excellence and Equity*: *Education and the Public Dimension of Museums*, American Association of Museums, 1992, pp.7-20.

⑤ 同④。

⑥ John H. Falk and Lynn D. Dierking. *The Museum Experience*, Whalesback, 1992; John H. Falk and Lynn D. Dierking. *Learning from Museums*: *Visitor Experiences and the Making of Meaning*, AltaMira, 2000.

⑦ Eilean Hooper-Greenhill ed.. *The Educational Role of the Art Museum*, Routledge, 1994, pp.67-79.

ing for somebody）。"①尽管有很多改变的意向，但从实践上看，博物馆仍然没有彻底地转向以观众为中心的范式。②由于缺乏组织上的系统突破，这些出版物可以被看作范式转向的先声与奠基石。

业界认为，传统博物馆实践不会改变，直到博物馆觉得这样的变化是必需的。最近，越来越多的出版物倡导博物馆的变革，以及进一步完成以观众为中心的实践转向。③同时，有学者还认为这样的功能变化也会影响组织结构，需要从权力授予和部门沟通开始，重建全新的组织工作架构。

二、教育策展人缘起与发展

在上述背景下，以观众为中心的博物馆实践范式的建立和完善从与观众更接近的教育开始着手，博物馆教育人员成为带头人。但由于长期以来教育人员处于策展的边缘，其观点往往不被重视。因此，从策展实践来看，提高博物馆教育人员的整体素养并将其纳入策展团队成为博物馆建立全新的实践范式过程中亟待解决的问题，教育策展人的概念应运而生。

其实，早在1989年厄尔-玛米（El-Omami）就做了一项馆内调查，调查结果一份送至艺术博物馆协会主席，另一份则送至美国博物馆协会策展人组织。④这两份调查报告都建议，馆长应考虑博物馆教育工作者的技能。除艺术史领域的培训之外，博物馆教育人员还必须有在评估、观众研究、艺术教育和教育学理论上的培训。虽然对于策展人⑤而言，获得艺术史方面的博士学位便可以进入策展领域了，但是对于博物馆教育人员而言，除了艺术史训练外，还必须有其他领域的素养。因此，厄尔-玛米结合博物馆所需要的技能与知识，拟定了博物馆教育的研究生课程项

---

① Stephen E. Weil. "From Being about Something to Being for Somebody：The Ongoing Transformation of the American Museum". *Daedelus*，Vol.128，No.3，1999，pp.229-258.

② Ann Rowson Love and Pat Villeneuve. *Edu-Curator*：*The New Leader in Art Museums*，National Art Education Association Conference，2016.

③ Peter Samis and Mimi Michaelson. *Creating the Visitor-Centered Museum*，Routledge，2017；Pat Villeneuve and Ann Rowson Love. *Visitor-Centered Exhibitions and Edu-Curation in Art Museums*，Rowman & Littlefield，2017.

④ Nancy Berry and Susan Mayer eds.. *Museum Education*：*History*，*Theory*，*and Practice*，National Art Education Association，1989，pp.122-134.

⑤ 在美国，一般博物馆的馆长都是从策展人的位置提拔的，馆长一般普遍具有策展人的素质。

目,但是60个学分的课程学习过于漫长,同时对于硕士水平来说不切实际。

　　因此,博物馆教育人员的艺术史训练偏好一直延续至新世纪。以艺术博物馆为例,艾比兹(Ebitz)和库珀(Cooper)分别研究了 Aviso[①]上招聘艺术博物馆教育人员的学术素养标准。[②]艾比兹总结得出艺术博物馆教育人员的招聘标准和20世纪80年代差不多,都偏向于艺术史专业学位的应聘者。80年代的研究发现,42%的 Aviso 博物馆教育人员招聘启事中写明需要或偏向于招聘艺术史专业的毕业生。[③]库珀也发现,博物馆更加偏好高级学位的应聘者,如艺术史硕士学位。[④]但是他们注意到,艺术博物馆也考虑招聘其他相关专业,如博物馆教育、博物馆学、艺术教育和美术学等。艾比兹概括其中的原因为:"由于对博物馆角色持续的支持和理解,同时博物馆教育者的专业性进一步提高,以及开设与艺术博物馆教育相关的课程和学位逐渐增多,越来越多想要就职于艺术博物馆的学生除了攻读艺术史学位外,还可以有其他选择的余地。"[⑤]同时,Ebitz 也提到了艺术博物馆教育人员应有的技能,如写作和口头表达能力、人际关系处理技能,以及领导力、管理和监督能力。[⑥]库珀的观点则包括沟通能力、电脑操作技能、组织能力和宣传文书写作能力。[⑦]

　　综上所述,博物馆对教育人员的学术素养要求极高,甚至要求其掌握多个跨学科领域的知识,这对个人而言实则难以达到。这种需求大于供给的现状,呼唤着博物馆以一种全新的视角和合作的态度对待博物馆教育以及策展过程,以观众为中心的博物馆合作策展实践正悄然兴起。

三、教育策展人与合作策展模式

　　美国博物馆界在近几年的合作策展实践中,逐渐产生了两种较为典型的基于

---

① Aviso 是美国博物馆协会的一本出版物,里面有招聘栏目。

② Pat Villeneuve ed.. *From Periphery to Center: Art Museum Education in the 21st Century*, National Art Education Association, 2007, pp.68-73; David Ebitz. "Qualifications and the Professional Preparation and Development of Art Museum Educators". *Studies in Art Education*, Vol.46, No.2, 2005, pp.150-169.

③ Terry Zeller. "Art Museum Educators: Who Are They?". *Museum News*, Vol.63, No.5, 1985, pp.53-59.

④ Pat Villeneuve ed.. *From Periphery to Center: Art Museum Education in the 21st Century*, 2007, p.68.

⑤ David Ebitz. "Qualifications and the Professional Preparation and Development of Art Museum Educators". *Studies in Art Education*, Vol.46, No. 2, 2005, p.162.

⑥ Ann R. Love. "Inclusive Curatorial Practices: Facilitating Team Exhibition Planning in the Art Museum Using Evaluative Inquiry for Learning in Organizations". PhD diss, Florida State University, 2013.

⑦ 同⑤。

教育策展人的合作策展模式,一种是 Love 提出的包容性策展模式(inclusive curatorial model, ICM),另一种是维尔纳夫(Villeneuve)提出的帮助阐释模式(supported interpretation model, SIM)。

Love 曾试验过一种展览合作团队的可能性配置,她将教育人员和评估人员作为策展团队中的润滑剂加入策展工作,来协调各跨部门博物馆工作人员与社区成员之间的合作。[①]那些在传统策展模式下无话语权的群体(比如教育工作者、社区成员和非策展人员)的声音得到放大,他们通过策展过程来影响组织学习。同时在策展合作中,团队还使用了"组织学习的评估要求"(evaluative inquiry for learning in organizations)的合作评估框架来促进团队合作。[②]展览的发展过程是有机的而不是分等级的,循序渐进并回到团队成员提出的问题,探索策展认同,最终产生集体决策。

维尔纳夫提出的 SIM 是另一种相互合作且以观众为中心的策展方法。[③]策展团队是由策展、教育、布展和其他相关部门的代表以及社区知识分子一起组成的,重视无话语权群体的观点。SIM 将展览作为一个博物馆和观众之间的互动中介。策展团队预测观众需要了解的内容,加入多样化的学习资源可供观众从中自由选择来帮助塑造他们个人的价值,同时从观众的回馈选择中促进和体现包容性与多元化。

这些合作策展的模式,使得博物馆教育工作者的角色和作用得到重新规划与扩大。我们把这个新的合作过程叫作"教育策展",从业者叫作"教育策展人"。可以看出,教育策展人的角色范围也从上述的馆内教育人员扩展到了馆外。参与到以观众为中心的合作策展实践中来的人在一定程度上其实都可以被称为教育策展人。作为一种可行的替代早期策展训练模式,对策展人而言,教育策展要求高度的专业化,对教育人员而言,又要求有广泛的知识范围。因此,结合两者,教育策展人应具有如下素养:第一,将策展想象成一个无等级的合作过程;第二,在策展中考虑被忽视人群的声音;第三,促进合作实践和反思;第四,进行以观众为中

① Ann R. Love. "Inclusive Curatorial Practices: Facilitating Team Exhibition Planning in the Art Museum Using Evaluative Inquiry for Learning in Organizations". PhD diss, Florida State University, 2013.

② Hallie Preskill and Rosalie T. Torres. *Evaluative Inquiry for Learning in Organizations*, Sage, 1998.

③ Pat Villeneuve and Alicia Viera. "Supported Interpretation: Exhibiting for Audience Engagement". *The Exhibitionist Journal*, Vol.33, No.1, 2014, pp.54-61.

心的研究。

这些素养也对以观众为中心的合作策展模式提出了下面几项重要的发展要求。

（一）包容和多元的

合作者就是共同参与者，是贯穿于整个过程的联合策展人。合作策展将各个部分以及社区成员、博物馆学学生、教师、学者联合起来，其多元化以及包容性不言而喻。如美国艾奥瓦州达文波特的菲格艺术博物馆的"打油诗：探索艺术和诗歌的表达"（"Waxing Poetic：Exploring Expression in Art and Poetry"）展览便采用了庞大多元的策展团队，包括博物馆各部门成员以及客座策展人、教育策展人、美国西伊利诺伊大学博物馆学专业的学生，还有来自美国中西部区域写作中心的社区诗人群体和博物馆学主任或观众研究教师等。

（二）珍惜来自边缘的声音

在策展中，需要考虑参与合作的博物馆教育人员的声音。它也包括了一种团体文化的承载，这对策展文化来说是全新的，而且对博物馆文化自身来说也是全新的——博物馆文化常被人们认为是高度特权文化。美国明尼苏达历史中心通过共创故事的形式，邀请沉默的声音进入展厅。在"1862年美国–达科塔战争"（"The U.S.-Dakota War"）展览策划过程中，策展人已经向当地部落成员征求意见，诸如那些与州民兵和联盟军队战斗过的战士后代，那些赶赴营地、身体羸弱的亲人，那些被迫加入反文化运动的家人。工作人员分发的宣传单上写着："请告诉我们如何讲述这个故事？我们在什么地方犯错了？你们能够辨认出老照片里的人吗？"把一个笔记本放在旁边的桌子上，给他们留出充足时间进行思考。①不仅如此，工作人员还主动走出博物馆，进入印第安人的社区，之前工作人员就曾来此邀请他们去博物馆参观。团队成员意识到，明尼苏达历史学会是这一系列悲剧事件的共犯，一些学会开创者曾经在战争爆发时领导了民兵组织，他们的很多后代都生活在今天的社区里。所以，博物馆旨在修复这些关系，治愈创伤。可见这个

---

① Peter Samis and Mimi Michaelson. *Creating the Visitor-Centered Museum*，Routledge，2017，pp.71-72，122-123，146.

展览是协商过程的标志,是一个衍生品。真实的工作以对话的形式持续进行——不仅在社区内外而且在幕后。

(三) 加强博物馆文化

博物馆如何定位自身的身份和地位形象,强烈地影响着博物馆的文化和它在社会中的关系。在美国圣路易斯的城市博物馆,玩耍是连接博物馆与社区的方式。玩耍超越了年龄的限制。该博物馆的目标观众是儿童,但同时为所有年龄和能力的观众提供多重体验。它的基本前提和假设是每个人都可以根据自己的情况发现一些有趣的体验。与其说它是一个博物馆,还不如说是一个由多层室内与室外建筑构成的游乐场。然而,它却依然以博物馆命名,并且启发大量的博物馆专业人士去重新思考博物馆议题。探索类、技术类和科学类博物馆都试图驾驭孩子们无限的能量与好奇心,并最终达到学习的目的。但是,城市博物馆没有这样的教育野心。在城市博物馆看来:孩子们需要学习的生活经验与学术科目无关,而是与勇气和冒险精神密切相关,应当鼓励他们根据好奇心去探寻危急关头背后的恐惧与快乐;同时,生活会指引他们找到快乐之地,自我导向的探索远比读书更加重要。"游乐场"创造了一种不同的博物馆参与文化,观众可以凭借自己的本事实现心灵和身体的参与,并创造情感联系,提升对机构的认可度。观众们通过社交媒体和口耳相传的方式分享机构之爱,并一次又一次地参观,乐此不疲。

(四) 发展适当的方法论

选择适当的方法论,这侧重于以多元为导向的研究方法。在博物馆里,多元取向包括多重视角。如美国奥克兰博物馆的顾问凯瑟琳·麦克莱恩(Kathleen McLean)谈到,历史博物馆和科学博物馆可以向艺术博物馆学习:"历史学家和科学家往往陷入真正的事实而忽视想象力。我认为,他们可与艺术家一样彰显想象和自由,将人们从严格的束缚和思考中解放出来。"[1]她也谈到了所有学科日益认识到对彼此的依赖性:"只需想想先进技术,我们就会发现,这个新世界正在发生的是环保主义者与哲学家、艺术家、舞者、神经外科医生的对话和交流。他们找到

---

[1] Peter Samis and Mimi Michaelson. *Creating the Visitor-Centered Museum*,Routledge,2017,pp.71-72, 122-123,146.

了共同点——知识和智慧共同的来源。"①所以，这是我们社会的深层需求，即历史博物馆向艺术博物馆学习，科学博物馆向历史博物馆学习。若保持这些学科间的分离，实际上便会产生错误知识。对我们而言，这种陈旧知识实际上已经过时了。

（五）带来制度的变革

博物馆制度的变革成为最终目标。合作策展的形式将博物馆掌握信息和知识的权力下放至观众，使博物馆内部工作人员和观众成为策展共同体，进一步构建以观众为中心的博物馆实践模式。美国底特律艺术馆重新审视了传统的策展观念，同时不断寻求如何将世界级藏品与更广泛、更多样的观众建立关系，从而形成了自己的全新策展流程与制度。在展览的主旨被批准后，负责阐释的教育专家设计针对研究员的调查问卷，以此了解与艺术品相关的故事和信息。研究员通过研究，给出大量有趣且极具争议性的回应。需要注意的是，这与实际层面的展品标签和说明文字截然不同。这个过程极为关键的一点在于，让博物馆摆脱对艺术史真理、学术倾向，甚至是迂腐论调的过度依赖。出于对权力关系彻底逆转的考虑与把握，博物馆并没有将书写标签的任务交给教育专家，而是全部外包出去。这个流程可简述为：根据展览的基本概念，教育专家准备好旨在产生学习效果的问题，研究员根据自身研究和物件知识给予尽可能多的回应，博物馆将整个信息数据打包发给全国范围内十几个自由标签写手。

同时，彼得·萨米斯（Peter Samis）和米米·迈克尔森（Mimi Michaelson）也进行了总结与概括，他们认为以观众为中心的博物馆建设必须具备六大要素：第一，形成性观众研究；第二，不同形式的博物馆阐释；第三，社区联系；第四，以观众为中心的使命；第五，服务于上述使命的强力领导；第六，全新的团队工作模式。②

四、对中国的启示

2016年年底，广东省博物馆特展"青花之约"首位馆外策展人诞生的新闻，是中国博物馆策展制度改变的先声。广东省博物馆通过"青花之约——广东省博物

---

① Peter Samis and Mimi Michaelson. *Creating the Visitor-Centered Museum*, Routledge, 2017, pp.71-72, 122-123, 146.

② 同①。

馆特展策展人招募计划"将博物馆的策展权力部分下放至观众,很大程度上体现了博物馆的公众性。但从入围到最终胜出的策展人,仅仅体现了博物馆馆方与策展人个人的合作,并没有产生一个团队,即入围者间的策展团队。从入围名单来看,入围策展人的领域、年龄等都分布广泛,既有来自教育领域的,也有来自商业领域的,可以说这是一个掌握珍贵资源的民间策展队伍。而美国的合作策展模式启示我们要综合各种力量,集思广益,如将广东省博物馆入围策展人全部纳入合作策展团队,而不是择优选择一人,这也许更能体现合作的要义。

而科技博物馆率先给教育人员以充分的办展权力,从以教育目的出发的科技展品设计①,到教育人员主导的科技展览②,创造了"××(分解/对比/模拟/强化等)→体验→认知"③和"基于实物的学习"(OBL)④等教学模式。在这方面,正如朱幼文发现的,"高水平的教育人员往往比展览设计师更了解、更擅长"⑤。同时他还提出了教育人员的专业素养和敏锐的专业嗅觉可以很好地转换为博物馆展览策划、设计过程中的重点方面与创新来源的几点建议。因此,基于科技类博物馆的率先实践,其他类型的博物馆应该在策展过程中提高社会教育部门的参与度,以及尝试赋予其办展的权力。

由于博物馆的公开性与公共性,越来越多的第三方教育机构入场进行博物馆的在场学习,比如尤里卡⑥关注儿童博物馆教育,忆空间⑦关注博物馆的亲子教育与青少年活动,还有一些机构专注于学生审美技能的训练,如地方性的美术学校组织小朋友在博物馆中写生等。而这些第三方教育机构的核心成员往往具有教

---

① 合肥市科技馆已从教育目的、教育过程、教育方法的角度出发设计展品,并取得成功。

② 2015年以来,中国科技馆由教育人员主导开发设计了多个短期展览,其中包括3个展示面积超过2000平方米的大型展览(瞿林云、叶兆宁、周雨青:《基于学科核心概念的科技馆教育活动案例分析——以合肥科技馆"锥体上滚"案例为例》,《自然科学博物馆研究》2018年第4期;葛宇春、张凡华:《将科学方法教育引入科技馆展教活动的思考与实践》,《自然科学博物馆研究》2018年第4期)。

③ 陈闯:《"分解-体验-认知"——探究式展品辅导开发思路》,《自然科学博物馆研究》2016年第4期。

④ 朱幼文:《科技博物馆展品承载、传播信息特性分析——兼论科技博物馆基于展品的传播/教育产品开发思路》,《科学教育与博物馆》2017年第3期。

⑤ 朱幼文:《科技博物馆展览资源建设:"人"比"物"更重要》,《自然科学博物馆研究》2019年第2期。

⑥ 南京尤里卡教育机构致力于创建有趣、有效的学习生态,基于博物馆、自然保护区、企业、社区等场景,为中国孩子设计与提供非凡的探索体验。

⑦ 北京忆空间教育机构以关注青少年博物馆公共教育为目标,通过线上、线下相结合的方式,为亲子观众提供丰富的学习与创造体验。

育学、美术等跨学科背景，相比于博物馆内的教育人员也许具有某方面更丰富的教育实践经验。这就引发我们的思考：博物馆允许第三方教育机构入场，从一个侧面可以反映出其权威性的削弱，而第三方机构所提供的高质量教育课程与服务是否可以为博物馆所引进？博物馆与第三方教育机构是否可以形成长期的合作关系？这是否也是博物馆教育模式的一种创新？第三方教育机构的核心成员是否可以被邀请加入馆方的策展团队，从而帮助展览与相应的教育项目更好地衔接？这些都是中国博物馆在建立以观众为中心的实践模式的道路上必须思考的问题。

五、结语

在20世纪末，Bal曾疾呼："博物馆如果不是为了观众，那又是为什么？"[1]为观众服务、从观众出发的概念早在20世纪末就已经萌发，正是在这样的疾呼下，博物馆积极探索着从"物"到"人"的转变。正如在美国博物馆协会年会上，未来博物馆中心的《趋势观察》报告中提到的，博物馆和其他组织通过全新的方式互相合作来定义工作、身份和技术。[2]教育策展同时需要博物馆文化和专业性准备的改变。而为了达到教育策展所展望的以观众为中心的展览，博物馆将需要改变其组织结构，打破传统的策展人威望下的等级制度，同时在开展活动时避免各部门间的独立操作。寻找、训练未来的教育策展人和积极鼓励目前与博物馆学专家学者合作的模式，将成为博物馆文化转向的必要一环。

何谓"教育策展人"

节选自2019年10月26日自由提问环节

许捷：我有一个问题是想问思怡的。你刚刚提到"教育策展人"，和我们现在说的"策展人"概念的区别是什么？或者你可以给"教育策展人"一个基本的定

---

① R. Greenberg, B. W. Ferguson and S. Nairne eds.. *Thinking about Exhibitions*, Routledge, 1996, p.208.
② Center for the Future of Museums. *Trends Watch*. American Alliance of Museums, 2016.

义吗？

王思怡："教育策展人"这个概念,不同于我们今天馆内的"策展人"。它有两个发展阶段:第一个阶段,馆内的教育工作者被排除在策展团队之外,无法参与核心的策展环节。第二个阶段,因为一些策展价值理念的转变,教育成了博物馆一个比较核心的要求。教育工作者尝试把一些教育理念加入展览,但是由于教育策展人不仅需要具备策展人的素养,还需要教育、美术等素养,所以一个人是很难承担教育策展人的职责的,于是开始尝试和外部的一些力量合作,形成一个教育策展团队。至于"教育策展人"的定义,我认为在以观众为中心的策展理念的指导下参与进来的人都可以叫作教育策展人,不局限于馆内,也可以是馆外的,所以它是一种合作策展模式下的群体代称。

朱幼文:2006年我们在建立中国科技馆新馆的时候,专门请了一些国际博物馆专家做顾问。他们当时提到,将展览和教育同步设计,简称为"展教同步",也就是做完展览再做教育活动。后来,我去美国、加拿大一些科技博物馆考察的时候,就问他们:"你们主张展教同步设计,那么当你们开发一个常设展或者特展的时候,教育活动人员是什么时候加入你们的?"他们给出了一致的回答:"自打成立策展团队,展览设计人员和教育设计人员是同时进入团队的。"因为当时我没有太关注教育活动,后来我才明白,往往做教育活动的人员比展览设计人员更明白如何有效地传播知识或原理,揭示物背后的现象,包括怎样通过自己的观察和体验达到认知,而不是通过灌输的方式。此外,教育工作者对于在设计过程中怎样把碎片化的概念上升为核心概念,怎么提炼与体现多维的教育目标,都会做得更到位。这就是我的一个补充。

对谈 I

与谈人：严建强、陈同乐、陈晨、许潇笑

一、嘉宾对话

许潇笑：刚才严老师有一些内容没有说完，我想请严老师简单地补充一下可以吗？

严建强：谢谢。刚才陈晨讨论的话题和我后面要讨论的话题是一致的。陈晨是从一个在馆策展人的角度出发，而我的身份和他不同。中国博物馆策展包括内源性策展与外源性策展。内源性策展是以本馆人员为主，外源性策展是邀请馆外专家来策展，这是两个不同的体制。中国博物馆的一大特点是，外源性策展所占比例比较大，许多博物馆都是外部专家进入主持策展工作的。当然，我们现在也能看到内源性策展在不断增多，包括湖南省博物馆、鸦片战争博物馆、南京博物馆等等。外源性策展比例较大，一方面是因为博物馆学的总体普及率不高，博物馆人员所接受的专门策展训练较少。他们熟悉器物，但不一定熟悉传播，这个时候就要请外援了。另一方面是因为我们博物馆发展速度比较快，新馆的策展只能通过外源性策展来实现。这是两个主要原因，所以中国博物馆展览以外源性策展居多。

不管是内源性还是外源性，主持展览的策展人身份有两种类型，分别是学术型策展人和传播型策展人。学术型策展人就是本专业的专家，比如说做一个古生物的展览，而我本人就是一个古生物专家，这就叫学术型策展人。我最近在做一个关于地质史的展览，通过18亿年前到500万年前岩石演变来讲这个地区古生物和古地质的变化，那我就是一个传播型策展人，我本身不是研究地质学的。这两种策展存在的问题怎么来解决呢？我们的主题是挑战与对策，那么应该怎样去做呢？传播型策展的一个很大问题在于，非本专业的人要来做这个专业的展览，他的学术品位和学术敏感度够不够？我觉得外源性策展的市场细分很重要，也就是说社会上有一些是专门从事策展的人，但他们是有学术依托的。就我来说，我其实是历史专业出身，也写过一些历史学的书和文章，所以策划历史展览时我并非一个纯粹的传播型策展人,但是我的研究生中有物理学出身的,也有一开始学生物学的,那么他们成长起来以后,可能就是作为市场细分的某一部分,这样就能够平衡学术和传播的关系。这里我想多说一点的是,外源性策展的市场发生了政策性的变化。八项规定出台以后,一般就不再直接委托了。策展人也是需要招投标的,分为两种形式:策展人招投标和设计团队招投标加上策展人。这两种形式在我看来是非常不可行的,因为做过策展的人都知道,进入一个学术领域并将之转换为博物馆语言需要非常长的时间。像我当时做浙江省博物馆的时候,策展花了18个月的时间。做台州博物馆的时候,我到海岛走了一个星期,到山地走了一个星期,到平原走了一个星期,要在那儿生活。一个招投标的工作,总共就2~3个星期,你连核心文件都没看完,就必须动笔了,这样的东西拿出来,在这上面造展览的大厦,是没有根基的。这是最近的一个变化。

我们现在还是认为,内源性策展是未来的方向。尤其是随着博物馆学的普及,博物馆人的策展技能会相应上升,因此内源性策展是未来的发展方向。

我们再来谈谈平衡学术和传播之间的关系。策展本身就是用物品在空间中讲一个容易理解的专业故事,所以涉及专业的和故事的两个方面,前者是学术的,后者是传播的,这里涉及这两者的结合。针对此提出的对策是团队作业和知识互渗。现在博物馆的策展要借助团队的力量,这支团队是由不同身份的人构成的。理论上来看这是一个很诱人的方案,事实上,一个主策展人和他的成员之间的配合关系并非我们想的那么简单。一个主策展人,他可能会有学术型的偏向,也可能会有传播型的偏向,各自都可能站在自己的立场上。因此,这个团队的合作未必是正常的。在这种情况下,学科知识互渗就尤为关键,也就是要让一个学术型的策展人必须接受博物馆学的训练,必须接受策展空间的视觉传达训练。而传播型策展人必须花大量精力对展览主题的相关领域做非常深入的研究。只有做到了知识互渗,他们的合作才是正常的,才能站在对方的立场上互相理解。在知识互渗的专业培训中,存在两个不同的重点:培训传播型策展人最重要的是,"在观众看明白展览之前,自己先弄明白"。而对于学术型策展人来说,主要解决的问题是"自己明白的事要让观众也能明白",这里就涉及传播学、心理学、教育学、视觉传达的技巧等。

在我的教学经验中,总体上来说,学术型人才接受博物馆学训练是一个比较便捷和有效的办法。传播型人才去学专业知识,会面临随着展览主题的变化而不断学习专业知识的难题，可是对学术型人才来说，他只要接受一次博物馆学和策展训练就够了。我比较倾向于在内源性策展人中寻找学术型人才进行博物馆学和策展训练。在这个过程中，他们需要完成两个转变，才能成为一个合格的策展人：第一个是从论文思维向故事思维转变，要学会讲故事。观众不喜欢看论文式的展览，要用讲故事的思维方式做展览。我们小时候都喜欢听故事，可是在接受了学术训练以后，我们就把讲故事的本领丢了。第二个是从符号思维向空间与视觉思维转变。策展人写的东西不应该只是符号的集合，真正需要描述的是空间和视觉状况，所以在写策展文本的时候，要寻求空间和视觉的体现，这样设计人员就很容易操作这个策展文本。我曾经做过一个关于袁隆平的展览，打开文本扑面而来的就是一个个结合空间和视觉思维的展项，这种转变意识带来的是博物馆化。策展是要用视觉语言来表达的，实际上内容和形式在这里已经浑然一体了，这样的展览就是好的展览。

最后提三点建议。

第一，内源性策展是努力的方向。虽然外源性策展依然是重要的选择，尤其在涉及新馆建设的今天，但从展览质量保障和工作稳定性来看，内源性策展是未来发展的方向。

第二，策展的团队作业与不同成员之间的学科互渗是平衡科学和传播的关键。由传播型人员发展故事线，选择表达方法之后，由学术型成员进行学术把关，这是一种比较有效的合作。

第三，在学科互渗的培训中，学术型策展人接受博物馆学及相关学科的训练是更为便利和有效的方法。这里我想举一个例子，台湾自然科学博物馆是从八个业务部门中抽调最强的专业人员，例如人类学家、鸟类学家等，然后他们又去台湾大学学了平面设计、视觉传达和相关的心理学等，这样的策展团队做出来的东西在科学和传播两方面平衡得非常好。我觉得这是一个可以借鉴的案例。

总体来说，这就是我要给大家讲的。因为前半部分和陈老师的交集比较多，后半部分和陈晨的交集比较多，所以在这里我补充一下，这样我们的对话内容可能丰富一些。谢谢！

许潇笑：谢谢严老师！三位老师用三种不同的方式讨论了两个值得关注的问题，这恰恰可能是大家观点不一致的地方。我想大胆地代表观众提出这个问题，就是关于"明不明白"以及本质性的问题"需不需要明白"，也就是陈老师提出来的

"观众需不需要看得懂"。在这一点上，我个人觉得严老师和陈老师似乎是两个方向。严老师先讲了"懂不懂"的问题，这是关于传播的理论体系。陈老师是从一线几十年的工作经验出发，提出了相反的意见。就这一点想请两位老师直接地对话和交流一下。

严建强：其实刚才你讲的，表面上看可以不同。如果你认可这个结论，那就不需要讨论了，但是当你谈到要"泡"博物馆的时候，还是希望自己能看懂。我觉得陈老师的意思是从表面上认为观众可以不懂，这是有道理的。如果从一件艺术作品来说，我也有很多看不懂的地方，但是就像刚才陈老师拿背诵唐诗来举例子，一开始并没有真正地理解，后来慢慢地也就理解了，美术展也是这样的。不过艺术性展览有两种不同，一种是直觉，一种是翻译。我觉得就"看不懂"而言，这在艺术领域是很正常的。观众没有必要真看懂，能够直接欣赏到艺术作品的美，目的就达到了。陈老师讲的"泡"，就是相对于进入专业领域而言，所以从这个角度来说，我觉得陈老师还是渴望一个东西做出来之后能够被观众真正欣赏，这是我的看法。

陈同乐：感谢严老师！我做了一辈子博物馆的展览，当然是希望观众能够看懂我所做的东西，但是在实际工作中，我发现一个问题。数字化博物馆的功能和博物馆能力的大为拓展带来一种诸如艺术鉴赏、学习等事情都能在博物馆完成的感觉，其实我觉得这是很难做到的。我希望我这样讲能够给所有做博物馆展览设计的人员提个醒，展览是为观众做的，不是为专家，更不是为自己。我在东莞的海战博物馆待了1年多，我是他们的展览顾问。海战博物馆的张馆长曾经问过我一个问题："如何能够让观众看懂这种资料性的展览？"我从南京买了一样东西送给他，就是一个洋葱。我说希望你的展览就像剥洋葱一样，一层又一层地剥，剥到最后，观众就看懂了。指导这个展览的过程也是我帮着他一层又一层地剥洋葱的过程。我前面讲了这么多，包括严老师讲的，就是用一个剥洋葱的故事来告诉大家——你要让观众看懂，是有很长一段路要走的。

严建强：我认为陈老师还是非常执着于传播效益的，我也对他所说的表示认同。陈老师很渴望观众能看懂展览意图，是真心想让观众看懂展览。

陈同乐：但是现在很多博物馆和设计师做展览是不考虑这个的，这是很让人心痛的。

许潇笑：我想听听陈晨的意见。作为年轻一代，你怎么看待这个"懂和不懂"

的问题。

陈晨：刚才严老师和陈老师谈的这个"懂和不懂"的问题，也是我做展览最郁闷的问题。我做的展览有点局限性，都是在做书画文物的展览。我们的馆长是一个书画专家，他要求我们必须做非常专业的展览。我是宣教部出身，就特别想让观众看懂展览。我经常从讲解员怎么去给观众讲懂的角度去考虑策展，但是后来到书画部做展览的时候，发现大家是从部门的职责，或者说如果负责保管的话，就从保管的角度去挑选展品，而放弃了展品内部足以衍生，足以吸引观众的东西。曾经我在做展览大纲的时候，从传播的角度用了很多网络用语，例如"PK"这个词，就受到了批评，他们认为"PK"这个词不能出现在这么严肃的场合，最后那个展览变成一个学术型的展览。我看陆老师的书，其中讲到我们的展览给谁看，对象是谁，是个非常重要的问题。其实展览也是区分观众的，有的是给专业人士看的，就像故宫以前的一些展览，普通老百姓可能都看不明白。如果是针对普通观众，就要从一个普及的角度去做展览，所以刚才谈的这个"懂和不懂"的问题，还是要区分展览是给普通大众看的还是给专业人士看的。

主持人（许捷）：陈晨的这个看法，其实就是还是要"懂"。我个人的想法是"不要懂"，但是作为一个主持人，我今天不展开讲，我的"不要懂"是从东方思维和西方思维的区别入手。现代社会的知识体系和理论认知体系可能更多受到了西方的逻辑化与客观化的影响，所以"懂"的概念还是来源于西方的话语体系。接下来是关于"博物馆焦虑"以及"流量"的问题。其实陈老师刚才也提到了，我们的娱乐化与商业化与流量有关系吗？有。严老师也提到了关于"懂和不懂"的问题，陈晨也提到了关于"商展"的问题，都和我们当下这个消费社会中的流量对于公共文化建设的作用有很大的关系。我认为博物馆焦虑源于博物馆想要吸引更多的流量，无论是线上的还是线下的。线下的流量指的是参观博物馆的人数，线上的流量呢？刚才讲到的"博物馆会不会从文化花园变成文化超市"，这里的转变也和流量与焦虑有很大的关系。还有一个问题就是陈晨提到的"标准化操作"，也就是"行业化背后的批量化"，那么展览能够批量化生产吗？批量化的陈列艺术还能被称为艺术吗？请三位老师就这些问题来聊一聊。

严建强：关于流量的问题，反映我们一个认识误区。博物馆展览做得好不好会提到"一次性到达率"的问题，一次性到达率是受很多因素影响的，我们不能简单地说一次性到达率高的就好。这里要考虑很多因素，比如是不是旅游城市，是不是旅游季节，等等。我认为要对展览质量比较准确地判断，第一个要考虑的是耗时量，也就是单位面积的耗时量。比如一个两千平方米的展览，观看半个小时和观看两个小时的单位耗时是不同的。第二个要考虑的就是回头率，有些展览内涵比较深，就需要观众"泡"在博物馆。这里的"泡"就是回头率，比如有些日本的展览，我通常都是看三次才看明白，每一次的观感都不一样，所以我觉得回头率是一个非常重要的指标。第三个要考虑的是自主学习程度，也就是在没有讲解员的情况下，观众可以自己沿着设定的展线来参观，这才是好展览。我把现在比较常见的模式称之为"精品＋深距"，包括国家博物馆在内，就是把藏品放在展柜里，借助讲解员的讲解，观众才能看懂。实际上这就是一个摆有实物的教室而已，不是真正意义上的博物馆。博物馆是一个开放的系统，意义层面也是开放的，讲解员的讲解实际上是一种比较大的约束，观众在参观中思考的东西是需要通过自主学习产生的。这几点我们都忽略了，只讲求一次性到达率，只讲求流量。其实人太多了，像刚才陈老师讲的，真是一种灾难。关于耗时量，我们还要讲一个耗时下降曲线的问题。观众观看一个展览，刚开始的时候他们的兴奋值比较高，体力也比较充沛，单位耗时量会比较长，可是到了一定时间后，身体的疲劳和兴奋值降低到一个拐点，单位推动量就会出现急剧的下降，我们称之为"斜坡效应"。出现斜坡效应的展览不是一个好展览。好的展览是让观众的兴奋值始终维持在一个水平上，而最好的展览是耗时下降曲线的末尾有一定的攀升。这点我们要了解，不能简单地考虑一次性到达率，这是很肤浅的。

陈同乐：我稍微回应一下，我对流量是这么认为的：每一个好的展览都有不同的好，不是所有的展览都符合同一个标准，作为耗时来说也是不同的。比如北京故宫博物院做的《清明上河图》的展览，排队六七个小时，以百米冲刺的速度观看，就很难用耗时的标准来衡量。我认为好的展览要有驻足点、思考点和记忆点，这是策展人在策展过程中需要考虑的。观众能根据自己的需求来认识和接受这个展览，能有自己的思考。再来说"流量"这个问题。沿海地区的博物馆在免费开放之后增加了些流量，而西北地区的博物馆几乎没有流量，但是不能说没有流量，那些博物馆就不好。我提到的博物馆焦虑是指，一看故宫做了什么展览，也赶紧想办法做一个一样的展览。再者，我回应一下博物馆和美术馆展览的区别，严老师从理论的角度讲述，我从一个一线工作人员的角度讲述。美术馆在策展的过程中其实是不考虑观众的，只考虑策展人自己的观念和观点，表达自己想说的事情。

举一个最简单的例子，我从南京博物院调到美术馆之后做的第一个展览是一个绘画展。当时策展人对于展览中八大山人和朱耷是什么关系的问题，默认来美术馆观展的人是了解的。而在博物馆做艺术展，大多时候都要先介绍艺术家，然后再介绍展品。所以，我们做展览的人必须要多考虑观众，流量是暂时的，所有好的展览的流量都是不稳定的。

陈晨：说到流量问题，我想说的就是陈老师刚才也提到的，他在博物馆工作那么多年，以前认为博物馆是冷板凳，但是自从2015年宝鸡大展出来之后，才发现博物馆是需要排队的。去年故宫的个别展览出现保安拿个大喇叭在那儿喊的现象，"走一走，不要停，后面还有更好的"。这就不像是做展览，更像是超市促销，但是没有一个标准来评估展览的社会效应，只能去量化。对于策展人来说，"引领观众"还是"迎合观众"，这是一个需要思考的问题，但是还是要不忘初心。

二、观众提问

观众：严老师讲到美术馆展品和其他展品不同，××提到过"曝光效应"。美术馆的同质性很强，观众重复观看容易疲劳，但是展览做出来就是想让观众看的。面对这样一个策展困境，博物馆也相应采用一些新的方法，比如，××先生写过"小微叙事的转向"，也就是说美术馆的展品也需要阐释，怎样阐释也是一个需要探讨的话题。那么美术馆真的就是为专业观众服务的吗？现在我们的观众还没成熟起来，培养阶段是要"泡"的，那么我们能不能通过帮助观众来缩短"泡"的这个过程，让展览变成一个"持续热"，而不是"一时热"？我想就这个问题请教一下三位专家。

严建强：我刚才谈的美术馆并非现实中的美术馆，只是一个参照系。最早的博物馆没有太多的学术思考，也只是把展品摆放出来让人看。我是想解决美术品行展的公众化问题，以及探讨其与博物馆的区别。实际上，美术馆是一个很复杂的概念。1830年，××给国王写了一封信，谈到我们的美术展和英国、法国的不同：我们是以艺术史的样式呈现，从时代轴、流派和画家的角度进行有序的布展，让普通公众能看懂，也就是说19世纪上半叶美术馆就已经有公众化的觉悟了。那么，这里有一个区别是，艺术史的展览、古代艺术的展览和当代艺术家的展览的呈现方式是不一样的。古代艺术的展览处所可能更像是艺术博物馆，而美术馆的展品则更多的是当代艺术家的作品。我跟同乐说过，美术馆属于最容易做也是最难做的。最容易做的意思是，把画挂在墙上，这就是一个美术馆。对一个好的策展人来说,他会瞄准当代艺术最前沿且最具有里程碑意义的变化,把它作为一个事件来策展,这样的展览是相当难做的,做一个展览无异于写一篇博士论文。我刚才假借美术馆的原始状态来作为一个比较的参照物,而不是真正在谈美术馆,在这里澄清一下。

陈同乐:在中国,美术馆和博物馆毫无关系,因为中国的美术馆更像画廊,而美术馆这个概念还是西方概念,英文叫 art museum。这是博物馆领域的概念,但在中国演变成两个不同范畴。当然,像天津美术馆,还有广东的广州艺术博物院、关山月美术馆等也策划了很多好的展览,基本上跟博物馆的展览是一致的。希望能和大家澄清这一点。

严建强:关于"看不懂"的问题,我再补充说明一下。如果说看不懂八大山人的展览,这不是策展人的问题,而是观众的美术史知识的欠缺。如果说看不懂展览中叠层石的不同,这就是策展人的问题。叠层石是博物馆需要让观众看明白的,这也是博物馆和美术馆的不同。没看懂艺术作品和没看懂博物馆的展品是两回事。

陈晨:天津美术馆是一个非常尴尬的美术馆,它的人事系统和财政系统都属于天津博物馆。刚才提到北京画院美术馆,我认为他们做的也是一个博物馆做的事情。另外关于"看懂和看不懂"的问题,社会上出现了很多研学机构,为了让观众看得懂,做了很多讲解员做不到的事情。从官方角度来说,如何去规范也很有意思。

陆建松:本来我不想讲,但是刚才陈老师提到了美术馆的问题。中国的美术馆体系是有问题的,美术馆是文化和旅游部这套体系,博物馆是文物局这套体系,自然科学是科学这套体系,但是我们先不讨论这个,我们默认它。说到博物馆的展览,其实就分两种,一种是审美类的展览,一种是叙事类的展览。美术馆也可以做叙事类的展览,比如中国美术馆可以做张大千的艺术人生,这就是叙事类的展览。浙江省博物馆做浙江书画展,这就是审美类的展览。

主持人(许捷):讨论非常热烈,希望大家能够在大的策展环境中继续保持交流。策展是一个非原生态的概念,期待在我们的"后策展时代"有不一样的解构。今天上午的对话交流到此结束。

严建强:我把今天我要讲的话概括成一句就是,我反对博物馆的美术馆化。

第二部分

展览叙事的可能性

重议"让文物活起来"

——策展与现代博物馆

许潇笑

一、引言

2013年,习近平总书记提出"要系统梳理传统文化资源,让收藏在禁宫里的文物、陈列在广阔大地上的遗产、书写在古籍里的文字都活起来"[①]。《文化部"十三五"时期文化发展改革规划》《国家文物事业发展"十三五"规划》也对此进一步明确。让文物"活起来"成为近年来博物馆与文化遗产工作重要的发展方向和政策导向,其核心价值观体现在如何让文化遗产更好地走进当下生活,具体实施层面包括经济生活中文化产业的升级与发展、新技术的利用、精神生活水平的提升。[②]

近年来,大量回应这一议题的具体实践在博物馆引起了很大变化,也引发了众多的业内探讨与外界关注。对过去已有经验的检视与反思,是本文讨论的一个重要出发点,本文尝试通过对博物馆在现代社会语境与文化状态的梳理,提出考察让文物"活起来"的新视角及其可被诠释的新内涵,即在近代博物馆向现代博物馆转型的过程中,在知识性、公共性与体验性三个维度上,博物馆如何与社会构建一种新的互动关系。本文以策展为讨论的切入点与聚焦场景,从四种思维方式的转变和具体的案例分析出发,探讨如何通过策展改变博物馆的社会表达方式,从

---

① 《习近平:建设社会主义文化强国 着力提高国家文化软实力》,中国共产党新闻网,2014年1月1日,http://cpc.people.com.cn/n/2014/0101/c64094-23995307.html。

② 《文化部"十三五"时期文化发展改革规划》总体从文化艺术及遗产的普及与参与、利用、引导与促进、平台与体系的建设和完善等方面切入,以期至2020年实现现代文化产业体系和现代文化市场体系的完善,文化产业成为国民经济的支柱性产业;《国家文物事业发展"十三五"规划》更加明确地提出了进一步合理利用文化遗产,"多措并举让文物活起来",其重要目的在于"促进经济社会发展",包括文物博物资源与旅游休闲产业的结合、文物文创创意产品的开发。

而实现文化遗产活在当下。

二、实践中的焦虑与困境

20世纪60年代，新博物馆学（new museology）在欧美国家兴起，一批博物馆和文化遗产专家开始挑战博物馆的社会角色与身份认知，认为"'老'博物馆学的问题在于过分强调博物馆的方法，而基本上忽视了博物馆的目的"①。因此，以考察博物馆与社会关系为核心，实现博物馆从"出世"到"入世"角色的转换，作为新博物馆学倡导的核心思想与价值观，成为博物馆在今天自我定义与身份认知的共识。②让文物活起来强调文化遗产的社会利用，是新博物馆学在中国博物馆文化语境中的本地化实践。然而，实践过程中出现的一些问题值得审视与反思：在各种互联网技术与新媒体的介入下，尤其是以移动终端为代表的自媒体的迅速发展，流量成为衡量传播力、影响力的重要标准，博物馆被推向可以带动大流量的娱乐化和商业化。一些博物馆展览、教育活动、宣传在"流量焦虑"的氛围下，力求"吸睛"，导致缺乏知识力与审美感，明显表现出"低龄化"与"唯流量化"的趋势，文化遗产也逐渐演变为"国宝""宝藏""怀旧"标签下的消费对象。同时，宏观政策的驱动容易陷于一种"口号式"的单一与僵化，对让文物活起来的理解与认知在实践中倾向于被简单粗暴地稀释。因此，本文结合当下的发展情况与实际问题，对议题进行反复探讨与辩证思考，来加深理解与认知，这既是对实践可持续性的保障，更是在一个快速变化的社会环境中对博物馆核心价值与身份认知的一个契机。

三、"活起来"的底层逻辑：构建博物馆与社会的新关系

不同历史时期的社会文化塑造了不同的博物馆形态。15世纪开始的地理大发现催生的珍奇柜、珍宝柜作为一种公共博物馆的雏形状态与源起，满足了那个

---

① 马蒂厄·维奥-库维尔：《没有（学者型）策展人的博物馆：经理人管理时代的展览制作》，刘光赢译，《国际博物馆（全球中文版）》2018年第Z1期。

② 国际博物馆协会（ICOM）对博物馆定义的最后一次修订在2007年，即"博物馆是一个为社会及其发展服务的、向公众开放的非营利性常设机构，为教育、研究、欣赏的目的征集、保护、研究、传播并展出人类及人类环境的物质及非物质遗产"。这一定义在ICOM京都大会（2019年9月）未能通过修改。

历史时期"猎奇"的社会心态。到了近代,作为知识启蒙的重要文化载体,博物馆代表着知识权威,呈现为一个生产专门化知识、提供"百科全书式"学习的场所,以满足社会对科学、求知的需求,这是博物馆至今为止一种主流的自我认知与文化形态。然而,自20世纪以来,经历了战争、技术革命,人类社会发生了根本性的变革而进入现代社会。马丁·海德格尔总结了现代社会的五个基本特征:科学的兴起、技术的统治、艺术被归结为体验、用文化来理解人类生活、去神圣化。①在诸如全球化与资本化的经济环境、互联网技术与数字媒体的快速发展、消费社会的高度繁荣等宏观社会环境下,形成于近代社会的"传统博物馆"不再适应时代特征,呈现出僵化的状态,面临被边缘化的境地。

所以,"活起来"并不能被表面化地理解为让文物"动起来",其根本含义与目的是通过重新定义、构建博物馆和社会的关系,实现博物馆转型以适应现代社会发展。从"重新定义"来讲,现代博物馆作为一个以文化遗产为独特资源的社会性公共文化机构,在对藏品/文化遗产进行收藏与保存、整理与研究等学术梳理的过程中,解读与表达某种特点观点、文化认知,并通过不同媒介的阐释与技术的传播,在公共社会话语环境中,提供多元的文化体验,并实现特定意义的生成。知识性、公共性和体验性是体现博物馆现代性、构建博物馆与社会新关系的三个核心维度:博物馆对入藏后的文化遗产进行"再加工",获取新信息,提出新问题、新观点,产生新思想。这一基于文化遗产的知识生产过程十分契合现代知识型社会的发展需求,更是博物馆作为社会文化机构的核心价值所在,使博物馆在丰富多样的文化生态中能够保持自身独特性与引领作用。同时,博物馆作为一个知识生产体,也不是一个封闭自足的主体。在开放多元与强调专业分工的现代社会中,不同社群的联系更加紧密。毋庸置疑,博物馆公共性的增强是利用各种新技术与新媒体的出发点。但是,文物"活起来"不是唯新、唯快的技术本位,最终目的是让遗产资源通过物质研究、文本输出进入公共语境。在这个过程中,博物馆抛弃"老的"知识权威身份,作为文化平台与论坛的组织者、管理者,提供知识生产、分享与交换的资源和空间,从而促成新的社会意义与文化共识的生成。在这个过程中,文化体验作为一种连接方式显得尤为重要,它是人们在高度技术化、资本化、专业化的现代社会中迫切追求的一种精神需求。在通过不同手段打造的各种体验场

---

① 马丁·海德格尔:《林中路》,孙周兴译,商务印书馆,2018年,第83-84页。

景中,在故事、舞台、剧场中,意义与共识被重新诠释与传播,同时也为博物馆与现代消费型经济生活发生关系提供了入口。以知识性为核心基础,以公共性与体验性为途径,构建博物馆与社会的新关系,形成一种独特的现代博物馆效应,是文化遗产活在当下的底层逻辑。

陈列展览是博物馆与社会发生关系的主要场景,博物馆通过观众的"观看"与外部语境发生紧密联系。博物馆在不同时期的变化,最为显著的区别之一表现在观众"观看方式"的不同,也就是展示观念的转变。因此,展览成为构建博物馆与社会新关系的一个重要试验场。接下来,本文将以策展为例,通过对策展思维转变与实践的阐述,进一步剖析以知识性、公共性与体验性为前提的现代博物馆如何让文物"活起来"。

四、展览时代:重塑博物馆的社会表达方式

"公共陈列与展览是目前为止大多数博物馆最受欢迎的部分。在这里,观众与博物馆藏品产生了直接的联系。"[①]展览是现代博物馆运作最为成熟、观众参与最为广泛的方式。同时,随着视觉文化及其消费的发展,主题性展示构成的展览成为不同行业传播的重要场景,生发出一个多元又充满活力的展览时代,构建了现代社会中主要的体验与交流。展览不再独属于博物馆,而成为博物馆与变化的社会语境发生交互的重要情境之一。在这个情境中,博物馆的展示立场与公众的观看体验并存,是现代博物馆效应发生的重要场所,即知识传播与共享的公共性、文化情景的体验性在展览中实现交融。然而,在历史发展中,藏宝阁、百科全书、知识权威被逐渐固化为博物馆的身份标识,在策展中体现为以文物与文本为中心的思维模式,以教导者为出发点的身份立场,往往导致文物与文化诠释、知识生产与传播、学习与体验的对立和割裂。

因此,转变策展思维显得尤为必要,通过改变叙事、空间、公众与当代经验在展览中的再现方式,能够重塑博物馆的社会表达方式,从而构建博物馆与社会的新关系。

---

① 原文为:"The public displays and exhibitions are by far the most popular parts of most museums. It is here that a direct contact between the visitor and museum's collections takes place." Yani Herreman."Display, Exhibits and Exhibitions".*Running a Museum*:*A Practical Handbook*, ICOM, 2004, p.91.

（一）以文化诠释为视角，跳出文物本位，丰富展览的叙事性

考古学与历史学作为博物馆学的学科基础，成为博物馆展览叙事策划的基本方法论，在某种程度上也限制了文物在文化诠释上的空间。自20世纪80年代开始，博物馆界逐渐形成了一种以文物为载体、以时间为轴的线性策展范式，注重传达文物信息的科学性、系统性和准确性，并被广泛应用于各种不同类型、不同主题的展览中，在造成"千展一面"的同时①，也使得"文物"在单一的方法论中被"僵固化"了，不同的文物实则在讲述着同一个故事。因此，要实现具有不同文化特质与差异性的展览策划，仅仅是选题与内容上的变化是不够的，更为根本的是要尝试多元化的方法论与学术语境，即除了历史学外，社会学、人类学、艺术学、经济学等不同学科及认知理论，都可以并且应该被纳入策展实践，从而在不同的诠释维度上释放藏品丰富多样的文化内涵，让它们变得鲜活而立体。

近年来有不少优秀的展览都在进行这种实践，如首都博物馆的"王后·母亲·女将：纪念殷墟妇好墓考古发掘四十周年特展"、湖南省博物馆改陈后的基本陈列"湖南人：三湘历史文化陈列"、中国丝绸博物馆的"丝路岁月：大时代下的小故事"都采用内部视角，以人为陈述对象，在策展中综合人类学、社会学的方法，对考古和历史资料进行了新的整理与编辑，故事呈现出不一样的面貌。此外，南京博物院的"法老·王：古埃及文明和中国汉代文明的故事"以不同文明的对比作为叙事线，中国民族博物馆的"传统@现代：民族服饰之旧裳新尚"以哲学思辨的视角将民族服饰作为少数民族世界观的解读载体，首都博物馆的"美·好·中华：近二十年考古成果展"则从美学的角度诠释考古物证。这些展览均摒弃了以考古与历史价值为甄选标准的文物本位，展览叙事变得丰富多元，作为文化诠释的钥匙，历史文物与文化情境发生关系后真正"活起来"。

同时，在这个多学科方法论共同应用于策展实践的过程中，产生了不同领域的"跨界"，如历史与现当代艺术的跨界就是这方面的新尝试，南京博物院的"呼吸：中国传统文化的当代形塑"、苏州博物馆的"画屏：传统与未来"，都完全跳出了传统单一的文物历史叙事场景，也是现代博物馆知识生产与分享、知识性与公共

---

① 黄亦兵：《关于博物馆陈列同质化现象的分析与思考》，中国博物馆协会、中国文物报社编：《回眸·创新——全国博物馆陈列展览学术研讨会论文集》，译林出版社，2014年，第62-63页。

性在另一个维度上的体现。

（二）以空间经验为中心，摆脱文本思维，充盈展览的体验性

在传统的一般性博物馆策展实践中，展览策划基本上是"文本撰写＋挑选藏品"，这往往造成展览中展品/文物藏品与文字"两张皮"，藏品实物以"论文的注脚"形式出现。在这样的策展思维中，起决定性的是一般性学术研究的文本思维，这与展览以一个实体空间为载体，构建知识分享与文化体验的需求情境相去甚远。实体性展品与文本性内容在空间中被割裂开来，文物是"死气沉沉"的。

威廉·理查德·瓦格纳认为剧场是一个总体艺术的概念："剧场里集合绘画、建筑、音乐、表演、布景、语词等各种形式，形成一种综合展示，观众通过汇集不同的知觉感受获得一个总体的艺术经验。"[①]现代博物馆需要构建的展览空间与瓦格纳的剧场空间有异曲同工之处，它们都应该是一个多维与递进的文化体验空间，包括从视觉和物质空间、非视觉感官的知觉空间到主体活动和感受体验的经验空间。只有在这样一个多维度的经验空间中，文物藏品及其本身所蕴含的多种文化属性与价值，通过策展被有机地与其他空间元素、经验维度相融合，在这个特定的文化体验中，文物"活起来"了。各种展台造型、艺术场景、照明媒体与材料色彩等展示媒介并不仅仅是展品陈列或装饰性的手段，而且成为构建空间经验的有机组成部分，是文物藏品在展览中"说话"的方式。在美国明尼阿波利斯艺术博物馆推出的"中国末代王朝的威势与华美"（"Power and Beauty in China's Last Dynasty"）展中，这种文物文化内涵与艺术价值在展览空间中的"外化"达到了极致。展览特别邀请了舞台艺术大师罗伯特·威尔逊为200多件清代艺术珍品打造一个舞台场景化的空间体验，不使用文字，通过集视觉、听觉、嗅觉于一体的实验性展示手法，重新演绎了清朝鼎盛时期的政治、文化及宫廷生活。十个单元如剧幕场景随着展线层层递进，在一个个独特的幻境中，伴随着相应的音响、音乐和气味，文物藏品如同戏剧演员，其自身的表达性与文化诠释在一个多维的文化空间中得到了充分的释放和呈现。[②]

---

① 巫鸿：《"空间"的美术史》，上海人民出版社，2017年，第159-160页。
② 十个单元依次为：幽暗、繁华、秩序、人民、帝王、佛陀、天尊、后宫、山林、光明。展厅实景照片参见《当古典遇上前卫，"中国末代王朝的威势与华美"背后的巧思与突破》（https://mp.weixin.qq.com/s/BYgTu9tf3wgOJ7FY2wFLnw）。

（三）关注复数性，激发公众的参与性与主体性

观众即公众，是博物馆策展实践中一个十分重要的维度。互联网技术加持下的全球化程度日益加深，现代社会中文化的多样性使得博物馆的观众已不能再被简单抽象地认知为单一和均质化的群体，复数性是现代博物馆尤其是在策展实践中值得被重视的一个方面。这个复数性不仅仅是观众的年龄与性别、政治与社会身份、知识结构与认知、民族与文化身份等多维度的"复数"，更是不同个体与群体的日常生活经验、艺术经验、文本经验、社会政治经验乃至伦理经验的"复数"。如何覆盖、包容这样高度复数性的公众，简化为一的"包罗万象"与"大杂烩"在策展实践中只是治标不治本。一方面，这会使得博物馆展览丧失知识生产的社会价值；另一方面，也会使得博物馆逐渐迷失自我定位与身份认同。因此，策展需要转换认知观众的视角，即不再将观众视为被动的客体或将其划分为具有相对固定思考路径与行为模式的对象，而是要将观众作为具有主体意识的个体，重新考察和考量展览中展示与观看、知识传播与意义生成之间的关系。"一个重要的转变在于意义是如何得到理解的：个体不再被看成'空壳'、待装知识的盒子；教育也不再被视为线性的、从内行到外行的过程，而是横向的；最重要的是，教育成为人、场所与文物之间错综复杂的互动的产物。"①从被动的信息搜集的体验转变为发散性、开放性的策展思维，激发观众自主与自觉的主体性，去提问、思考、分享、交流。文物与文化遗产的价值与意义不再来源于某个外部权威（如专家、策展人、博物馆），而是源于观众自己。观者可以有自己的解读、判断、诠释乃至想象。在策展中，为观者搭建将自身经验投射在展品与叙事上的空间和路径，是文物"活起来"在观众这个维度上的深层含义。

从近年的展览实践中可以观察到，激发观众主体性的策展模式有两种不同类型。一类策展模式专门从青少年教育的角度出发，以科普式教育体验为策展思路，激发观众的自我思考与交流。自2015年首都博物馆策划推出"读城：追寻历史上的北京城池"以来，多家博物馆都陆续效仿推出同类型的展览，包括苏州博物馆的"吴门画派之青少年教育互动展"、杭州工艺美术博物馆的"南宋小百工"等。

---

① 马蒂厄·维奥-库维尔：《没有（学者型）策展人的博物馆：经理人管理时代的展览制作》，刘光赢译，《国际博物馆（全球中文版）》2018年第Z1期。

青少年教育体验展逐渐形成了一个相对专门的策展模式:一是不强调文物藏品实体的在场性,除"读城:追寻历史上的北京城池"作为首次尝试还展出少量馆藏文物外,大部分该类型展览几乎都是"零文物";二是动手动脑的教育性互动体验即"游玩"取代"观看",大量场景、教学性展示道具与演绎以知识展项的形式被组织呈现;三是语言与图像更加青少年化。

　　另一类策展模式则是在与艺术的跨界中,借鉴当代艺术的策展范式,打破传统博物馆策展标准中的准确性、代表性与系统性,通过藏品或作品在空间中的并置,以提问与反思取代答案和确定性,激发观众联系自身经验并将其投射在展览中,从而完成属于每个人自己的展览意义构建。以笔者与艺术独立策展人联合策划的"女神的装备:当代艺术@博物馆跨界展"为例,其为中国博物馆界首个将文物藏品与当代艺术并置展示的展览,120件文物藏品与73件艺术作品有着完全不同的时间面向和文化诠释。22个关键词组合成10个概念节点并串联成主要展线,采用没有因果、时间关系的去叙事性的策展策略,以碎片化与发散的方式,强调每一件文物藏品自身的完整性与表达性,而每一件艺术作品都代表艺术家个体的发问,并解构不停叠加的学术语境。这种策展逻辑一方面,尝试与当下碎片化、去中心化、多维网状的互联网知识结构呼应,并为展品提供完全不同于传统时间线性的展示语境与诠释空间;另一方面,也尝试最大限度地激发和释放观众在观展过程中的主体性思考与自由。这是一次实验性比较强的策展实践,与本地观众的观展预期和状态也存在一定的差距。从展期中的观众调查数据分析来看,展览主题、策展形式与空间设计吸引了众多青年观众走进博物馆,但同时许多观众也对极度自由发散、模糊不确定的展览表达表示较难接受。[1]构建博物馆及其展览与观众之间的新关系,需要在实践中不断尝试与磨合。

(四)联系"当代经验",构建展览的现实意义

　　"一切真历史都是当代史"[2],正如贝奈戴托·克罗齐所言,文化遗产是过去留

---

　　① 在展期内,收集有效观众调查样本777份,此前从未参观过中国工艺美术馆的观众数量占43.1%。大多观众反映展览的女性主题很具吸引力,文物与当代艺术的形式很创新,同时也提出应增加展板说明与导览指示,展线不清晰、总体凌乱,展览内容较难理解等意见。
　　② 贝奈戴托·克罗齐:《历史学的理论和实际》,道格拉斯·安斯利英译,傅任敢译,商务印书馆,1982年,第1页。

存在今天的碎片。作为历史的物证,文物"活起来"的一个重要维度是如何让它与今天发生关系。这不仅仅是指展览的选题需要回应当下的社会问题,还包括展览的叙事文本、空间场景的呈现、展览意义的构建都需要联系当代经验,包括今天的经济经验、技术经验、社会关系经验、伦理经验、文化经验和视觉经验等,从而与观众的认知和情感发生关系。例如:展览中,大量多媒体的应用就是从技术上贴近现代的生活经验;以人物为主角的策展视角,就是契合当代个人主义与平民化的社会经验;沉浸式舞台场景的空间设计是一种对市场化文化体验与消费需求的迎合。

以笔者策划的"海市蜃楼:17至20世纪中国外销装饰艺术展"为例,展览采用图像志与图像学的方法,以外销工艺品上的图像为叙事线,尝试解读与诠释历史时期中不同物质文化交流中由于"不知其然而所以然"形成的"图像的消费",回应当下社会消费景观中相似的文化状态。展览不以文物价值与艺术价值的稀缺性为甄选展品的标准,而是强调展品中可以诠释外销工艺品批量化、满足消费制造图像的商品文化属性。展览通过展品组团形成图像的"并置"与不同图式序列的"对语",构建"当下的观看":一方面,契合观众实际的参观场景与行为经验;另一方面,与展览主题中西方消费者对外销工艺品的"历史的观看"相呼应,从而形成历史与当下的链接。

(五) 小结

上述四种策展思维的转变有一个重要的认知前提,即"策展到底是什么"。展览作为博物馆最重要的社会表达方式与载体,从研究到展示,从传播到交流,是一个完整的公共文化事件,是博物馆自我表达和生成文化意义的重要场域。因此,策展不能被单一地等同于学术研究式的内容组织与文本撰写,其本质是对各种关系的构建,从物与人的关系到展览与观众的关系,以及博物馆与社会的关系。"博物馆以前是由与文物的关系而得到定义的:馆长是'保管人',他们最重要的财富就是藏品。今天,博物馆的定义前所未有地取决于它们与参观者的关系。"①不同的策展思维构建不同的关系,形成不同的展览文化,塑造不同的博物馆价值观。

---

① 马蒂厄·维奥-库维尔:《没有(学者型)策展人的博物馆:经理人管理时代的展览制作》,刘光赢译,《国际博物馆(全球中文版)》2018年第Z1期。

现代博物馆的策展通过一种以文化诠释为背景的展览叙事，重视多维度的空间体验，以契合当下日常生活与文化经验的表达方式，回应今天人们的所思、所想、所感，从而构建与生成展览的现实意义。

五、小结

博物馆学是一门实践性很强的学科，在实践过程中不断加深与丰富对具体情境的认知，通过实践不停校正理论在不同现实语境中的应用条件。让文物"活起来"是博物馆在现代社会转型的一种路径描述，通过重塑博物馆的社会表达方式，构建与社会的新关系，在现代文化生态中找到契合博物馆的价值位置，这需要在辩证思考与实践分析之间反复审视，策展仅是其中一个视角。现代博物馆文化的生长是一个长期的过程，今后我们也必然需要更加多样与多重的讨论和审议。

策展的创新探索中应注意什么？
节选自 2019 年 10 月 27 日自由提问环节

严建强：我对许潇笑的策展案例非常感兴趣。我相信你们在策展构思的时候有一个全新的 idea，但是从数据来看好像不太理想，那么你认为问题出在哪？

许潇笑：做那个展览的时候，我其实是非常焦虑和痛苦的。因为跟当代艺术策展完全不一样，很多的思维方式和理论认知也不一样，比如就展厅文献数量多少这个问题都有过多次的争吵，所以说这是一次实验性质的展览，想试探一下现在观众的"底线"在哪里，或者说给我们自己也泼一盆冷水。我想用一个非常流于世俗和商业化的例子来说明一下我的感受：两个商人去非洲卖鞋，一个人看到那里的人都没有穿鞋就收起包袱走了，另外一个人却认为这里市场很大，就招入大批人马进驻。当然，这个例子不一定和我们的策展工作联系得非常紧密，但这是我们想要尝试的一个方向，所以这个系列明年我们还会继续，但是会在模式上做出调整，后年也会继续做，而且这两年的选题也都已经想好了。既然博物馆的文化是非常多元的，就我们杭州工艺美术博物馆而言，馆藏资源非常丰富，所以就如何来做一个边缘创新，我想来试探一下。

严建强：谢谢。我其实也是想借这个案例来谈一谈。确实，展览是博物馆的一个试验场，这点我非常认同，而且为他们的勇气深感钦佩，但是我就这个谈一个问题，谈到为什么特朗普能上台的问题，这是欧美社会长期被政治正确绑架而实在不耐烦所做出的一种反动。其实我觉得在博物馆界也存在一种被政治正确绑架的现象，在博物馆，一方面我鼓励创新，另一方面又要提醒不要被政治正确过分绑架。比如，在美国博物馆，有的展览阐释做得非常棒，但是逻辑线却很混乱。我和沈辰探讨过，认为这种逻辑线的混乱不是技术的问题，而是理念的问题。他也非常认同，他说在20世纪60—70年代他们是讲究逻辑线的，但后来实际上是被政治正确绑架了，就是一个叫作museum democracy（博物馆民主）的概念。公众的选择比博物馆传播更重要，就是在这样的理念下故意把一些逻辑线比较强的展览做成开发的、多选择的。我在美国专门观察了这个现象，比如一个讲海洋生物的展览，一开始是按照年代来讲，突然跨度很大，都不知道讲到哪里去了。加利福尼亚博物馆的一个空间里面有四个展览，它们是没有边界线的。这也是一种创新，认为边界线是对观众的一种控制，认为应该给观众真正的自由。我觉得我再也没有看到过比这个更糟糕的博物馆了，除了混乱以外，一点收获都没有。所以我就在想，为了创新而走入这样的陷阱是有问题的。我跟沈辰也谈到过这个问题。他现在也在做展陈。做展陈的时候，他们会向社会发出征集，但征集来的东西有的实在看不懂。所以他后来就讲，在展陈中要回归常识，要克服政治正确的绑架。我现在把常识看作最为重要的东西，希望我们在探索中，一方面要创新，一方面要紧扣常识。空间学习场所是有一定规律的。人们日常习惯性的一些东西，我们也要把它考虑在内，这样我觉得创新成功的概率会大一些。我也是看到你这个案例，想到了这个事情，非常感谢你的报告！

朱幼文：说一句玩笑话，这里面有传统的政治正确，也有当代的、时髦的政治正确。严老师，您认为您和许潇笑是属于哪个政治正确？是要挑战还是要回归？

严建强：多认识观众的行为特点、认知特点，去迎合他们。这个是不变的，或者是缓慢变化的，比较容易把控。政治层面的东西是稍纵即逝的，我们跟不上，所以还是要回归常识。要回归人性，回归人的本源，回归人的习惯。我觉得如果把这些考虑到，会做得更稳妥。

史吉祥：我对许潇笑做的展览非常欣赏。戏剧界有先锋戏剧，你属于先锋策划，要坚守，非常走心。你可以不给所有人看，不给严老师看，他不满意无所谓。

我不知道大家有没有看过孟京辉导演的场场爆满的戏剧，它已经连续上映3个多月了。他让我们欣赏喜剧的方式改变了。所以我觉得在博物馆策展领域，应该有吃螃蟹的人，有做先锋式探索的人。另外，给你提个建议，除了通过网络对观众的反馈进行调查外，还可以在现场做一些跟踪式的调查。有时候，观众问卷调查和现场的回答不太一样。最后，希望你能坚持！

"讲故事"展览的叙事方法

——基于"故事-话语"理论的分析①

高玉娜

　　随着博物馆事业的发展和策展理念的更新,博物馆展览的教育和传播功能得到了前所未有的重视。值得注意的是,相较"传统型"结构单一、内容平铺直叙的知识灌输型展览而言,那些或具有生动故事线,或富有趣味性、互动性和体验感的"叙事型"展览,显然更容易为观众所接受,"讲故事"是此类展览中运用的一种典型手法。"一个故事可以将所有展品或所有可感受到的展览因素联结和联系起来,这比以一个简单的主题涵括全部展品要有力得多。"②故事使得展览内容易于理解,能够调动观众的注意力、好奇心、才智和情感,建立展览设计者与观众之间的联系,深化展览内涵,是博物馆展览策划的一种极佳方式。③"讲故事"的重点不仅在于故事,更在于"讲",作为一种实践概念,什么是"讲故事"的展览,展览如何"讲故事",都是展览策划人员需要思考的问题。本文以"讲故事"的展览为主要研究对象,着眼展览策划过程中的叙事流程,将其分为两个阶段——故事阶段、话语阶段,希望能为展览叙事分析提供另一种视角。

一、"讲故事"与展览叙事

　　随着学界对于博物馆展览研究的关注,对展览叙事的讨论增多,与之相关的概念也日益丰富。本文选取主题展览、展览叙事、叙事型展览以及"讲故事"几个

　　① 本文内容已发表于《自然科学博物馆研究》2019年第6期。
　　② 简·贝德诺、爱德华·贝德诺:《博物馆展览:过去与未来(一)》,宋向光译,《中国博物馆通讯》2000年第4期。
　　③ 朱幼文:《"故事"让科技博物馆更有"力量"——读〈维度〉杂志专栏"故事的力量"有感》,《自然科学博物馆研究》2016年第6期。

概念进行对比，希望在分析"讲故事"特征的同时，能更加明确学界对于此类展览的界定重点。

主题展览："首先开始于一个主题概念，将这种概念贯穿于展览媒介，并运用博物馆藏品和其他手段支持或加强这个概念。以藏品为基础的展览常趋向于严谨周密，而主题型展览则倾向于广泛和综合。"①

叙事展览："叙事展览是以时间轴进行最顶层组织架构设计，展示内容具有明确的一致性，并形成一定的故事逻辑的展览范式。"②

叙事型展览："这类展览试图以讲故事的方式表达展示意图，达成教育目的。叙事型展览的重点在于展览清晰的故事线、严密的逻辑线。"③

"讲故事"："'讲故事'是人们对这一拥有连贯的、生动的、完整的情节事件或假想经历过程的描述。展览'讲故事'，是借用文学'讲故事'的方法，将展览中的各种设备、展品、物件统一安排、调节成一个融合各种视觉、听觉、触觉甚至嗅觉的综合整体，在展览中塑造出完整的'故事'……"④

从主题展览到"讲故事"，内涵逐渐缩小且具体。上述概念的共同之处在于，都侧重主题、故事线、时间轴或逻辑线在展览中的推动作用。区别在于："叙事"是大概念，并非所有展览都是叙事型展览，但多数展览都存在叙事行为，只是有叙事元素多少、应用范围大小之分，"讲故事"为小概念，是叙事型展览的一种，带有故事性、趣味性、生动性的色彩；"叙事"是更为严谨的学术概念，使用时就必然会涉及范围界定等问题，但"讲故事"就更加"宽容"，大到建筑、展览，小到单元、文物，都能够讲故事。"讲故事"作为展览叙事的一种典型方式，具备展览叙事的典型特点，但其应用更加灵活。以此类展览作为研究对象，能够探寻策展流程中叙事的共性，为展览叙事分析提供另一种视角。

二、展览为什么要"讲故事"

严建强教授曾提出，观众衡量展览好坏的三条标准是："好看（展览对观众的

---

① 简·贝德诺、爱德华·贝德诺：《博物馆展览：过去与未来（一）》，宋向光译，《中国博物馆通讯》2000年第4期。
② 许捷：《叙事展览的结构与建构研究》，浙江大学博士学位论文，2018年，第176页。
③ 陆建松：《博物馆展览策划：理念与实务》，复旦大学出版社，2016年，第17页。
④ 马宇婷：《博物馆展览"讲故事"方法的初步研究》，《自然科学博物馆研究》2018年第2期。

吸引力）、看得懂（理解和掌握展览传播的信息）、得到启发与感悟。"①三条标准的层次逐渐深入，从视觉吸引到知识理解，最后到达情感共鸣。展陈技术发展至今：视觉氛围的营造对博物馆来说已经不是问题；将展览信息进行整合、呈现并让观众准确、高效地接收、理解展览信息，仍是策展难点；情感上的启发与感悟问题，更是博物馆展览需要解决的。

"讲故事"能够很好地应对后两个问题。"故事能够激发公众兴趣，并把复杂的概念变得活灵活现。"②"讲故事"是一种心智共享的经验。磁共振造影术显示，讲故事的人和听众的大脑额叶，以及负责自我觉察与感受的脑岛，会出现相同的神经活动。③听众会倾向于将自己置于故事环境中，联系自身经历去记忆、理解与感受其中的内容。这使得当"讲故事"服务于展览信息的传递时，除了可以帮助观众相对高效地理解知识，更具有"触及心灵"的先天优势。

科学教育的内容包括知识与技能、过程与方法、情感态度与价值。④"讲故事"的方法将展览内容联系地、动态地呈现在观众脑海中，观众接收故事的同时，也能接收到其中所蕴含的知识技能、过程方法，更重要的是情感感受、价值观念等藏品与文字所不能直接传达的部分，"讲故事"让展览完成更加高效且深刻的传播。这使得"讲故事"这一形式在展览策划中显得尤为重要。

三、展览策划阶段如何"讲故事"

"讲故事"作为一种展览叙事手段，其所有叙事元素均诞生于展览策划阶段，探讨如何让展览"讲故事"，也需从策展出发。本文根据叙事学相关理论将展览"讲故事"的策划过程分为两个阶段：故事阶段、话语阶段。

美国叙事学家西蒙·查特曼在其著作《故事与话语：小说和电影的叙事结构》中将叙事分为两个部分。一是故事（story），即内容或事件（行动、事故）的链条，外

---

① 严建强：《从展示评估出发：专家判断与观众判断的双重实现》，《中国博物馆》2008年第2期。

② 南希·玛丽博伊：《故事：运用跨文化的理解提升博物馆科学教育效果》，《维度》2014年第1期。转引自朱幼文：《讲故事的展览：博物馆贴近大众、教化大众之策略》，《科学教育与博物馆》2017年第4期。

③ 约瑟夫·克奈尔：《共享自然：每个孩子都喜欢的自然学习法》，张琦、吕剑译，湖北科学技术出版社，2018年，第164页。

④ 朱幼文：《教育学、传播学视角下的展览研究与设计——兼论科技博物馆展览设计创新的方向与思路》，《博物院》2017年第6期。

加所谓实存(人物、背景的各组件);二是话语(discourse),也就是表达,是内容被传达所经由的方式。通俗地说,故事即被描述的叙事中的是什么(what),而话语是其中的如何(how)。①

"故事"与"话语"的二分法是当今西方叙事理论中较为常见的描述叙事作品两个对应层次的概念,叙事作品的意义很大程度上源于这两个层次之间的相互作用。②其为叙事研究提供了明确的支点③,将叙事从文本的限制中解放出来,让不同媒介(如小说、电影)等能够传达出相同的故事。若将其引入展览策划,用以研究展览叙事,"故事"指展览叙事的主题确定与内容策划阶段,"话语"则是指展览的叙事方法、媒介选择等技法阶段。

(一) 故事阶段

故事阶段的主要任务是确定展览内容,从展览开始筹备到展陈大纲形成前,均属于这一阶段。故事阶段需要定下展览的基础,如展览的主题、核心精神、目标观众、故事主线、主要角色等,搭建展览故事的"地基"。这一阶段要解决三个问题:故事从哪来? 故事如何筛选? 展览故事有哪些特点?

第一,故事从哪里来? 博物馆以展品及其背后所蕴含的信息为立馆之本,好的展览故事一定从藏品中来,基于对于藏品与展览主题的深厚研究。讲故事不是展览的全部,不能纯粹为讲故事而寻找或编造故事,讲故事必须有意义,让文物说话,而不是让博物馆说话。④应通过对藏品本体信息、背景信息以及相关延伸信息进行梳理,抽出其中值得讲述的,或是能够将藏品串联成线的故事。只有展览故事生发于藏品之中,藏品才能配合讲好故事,不至于出现文物、内容"两张皮"的情况。

第二,故事如何筛选? 策展人在接到博物馆展览项目委托或准备自行开发项目时,多数只有泛泛的主题方向。而与展览相关的资料卷帙浩繁,如何对故事进行选择,也是展览策划人员需要思考的。就展览实际需求而言,可以从以下几点进行衡量:所选故事应是符合展馆目标、展览时长、展览预算、展陈空间大小等规

---

① 西摩·查特曼:《故事与话语:小说和电影的叙事结构》,徐强译,中国人民大学出版社,2013年,第5-6页。
② 刘俐俐:《小说艺术十二章》,上海教育出版社,2014年,第129页。
③ 唐伟胜:《文本 语境 读者:当代美国叙事理论研究》,世界图书出版公司,2013年,第7页。
④ 葛承雍:《从学术研究到展览艺术》,《中国文物报》2018年5月11日,第8版。

模定位的;现有的学术资料、藏品、技术足以支撑故事讲述;所选故事应该尽可能地符合目标观众的参观需求、知识结构与价值取向。满足以上基本条件的故事,方值得继续进行深化设计。

第三,展览故事有哪些特点? 一是展览故事中包含鲜明的角色(包括人物或者非人物、单个或群体)。角色指的是所有"观众通过参观展览能够深刻感知的角色",不局限于展览中直接出现的人物,也包括通过设置能让观众产生"代入感"的角色,它能让观众最快速地感知"故事"的存在,是观众与展览之间情感互通的桥梁。二是展览通过文字、展品、辅助展项等媒介营造故事的环境,将科学知识与故事内容有机融合。三是展览故事注重"开端—发展—高潮—结尾"等叙事节奏的把控,帮助观众形成完整的故事概念。四是展览的推进与故事逻辑相关(如时间逻辑、因果逻辑)。五是故事蕴含展览的核心精神,能够被观众所感知。需要注意的是,以上"特点"并不是一种严格的筛选概念,不足以去定义某个展览是否为"讲故事"的展览,而是一种引导趋势,满足条件越多,展览中的故事性越强,越能够产生所期待的传播效果。

(二) 话语阶段

完成叙事行为需要两个主要步骤:"确定事件,从混沌的'事件之海'中选出有意义的部分作为叙述对象;赋予事件'秩序',将事件编织为叙事文本。"[①]给事件以秩序,完成对于故事的编辑,便是话语阶段的主要内容。确定故事的讲述方式,将脑海中的"故事"落地为"展览",从展览内容确定到形式、空间设计,都包含其中。

话语阶段的工作主要通过各种叙事元素完成,包括叙事结构、叙事视角、叙事时间与叙事修辞,对此类的探讨,学界已有很多,在此仅做简要探讨。

第一,叙事结构是指以何种结构将故事内容组合联结,使之成为主题的"子叙事"。标准不同,分类形式各异,如"线性-因果叙事""主题-并置叙事"及"分形叙事"[②],还有板块式、串联式、漫游式、类游戏式、纪录片式。[③]本文简单将其分为线性叙事与非线性叙事。线性叙事以时间先后或因果关系为连接逻辑,如"南京大屠杀史实展"按照事件发生时间顺序进行内容安排,情节感与逻辑感更强,能够抓

---

① 龙迪勇:《空间叙事学》,生活·读书·新知三联书店,2015年,第170页。
② 周安翠:《博物馆主题展览叙事研究》,南京师范大学硕士学位论文,2016年,第22-35页。
③ 李鹜:《博物馆陈列艺术叙事形式研究》,北京建筑大学硕士学位论文,2016年,第74页。

牢观众思绪。非线性叙事不再局限于原本的时间顺序,以并列或串联的方式将事件连接到一起,以单元叙事突出整体,从不同侧面反映主题。例如中国丝绸博物馆的"丝路岁月:大时代下的小故事",用13个时代不同、身份不同、地域不同的人物所遗留下来的小故事,反映丝绸之路大背景下的地域特征与文化碰撞,便是以相对灵活的组织方式进行故事的讲述。

第二,叙事视角指的是"讲述者"叙事视角或者立场的选择,包括无所不知的零视角、故事中特定人物的内视角、旁观者的外视角。角度不同,传达出的信息也不尽相同。叙述视角关乎观众对于故事的介入性、自我意识、可信性、心理距离等多个方面。[①]

第三,叙述时间包括时序、时距与频率三个子系统[②],在展览中起到突出或弱化事件、调节展览节奏的目的。与小说等叙事文本不同,展览中叙事时间的呈现是文本、展品与空间设计共同作用的结果。在进行重点强调时,策展人可以选择非顺序的讲述方法,或者通过丰富文字图像、展品物证,扩大展示空间,增加互动设计等方法,延长事件在叙述中的话语时间。

第四,叙述修辞。博物馆展示本身就是一种修辞——隐喻与转喻。简单而言,隐喻是将事物的典型特点进行提取,来代表本体进行传播,转喻则是用事物的某个部分去代表事物本体,两者都是策展中较为常用的手法。此外,还有比喻,包括明喻和暗喻,排比、拟人、夸张、反复,每种修辞手法都有不同的艺术效果。修辞手法在展览文本写作与形式设计、空间设计中,都有所应用。

与叙事文本创作相似,展览策划人员对于叙事技法的应用可能是有意识的,也可能是无意识的。叙事学本用以分析或批判叙事作品,本身并不具备建构作品的属性,但对于叙事技巧的了解与掌握对于展览策划仍有意义,它能够提供一种策展团队与观众共同熟知的语言,在此基础上讲述展览,能够保证其中所蕴含的知识或情感被高效、正确地传达。展览似乎是一种灵感与规矩结合的艺术,故事阶段因灵感确定基调,话语阶段以规矩、语法落实,缺一不可。

同时,每一种叙事都是一种交流,用展览"讲故事"也不例外。叙事交流有至少三种要素才能成立:作者——叙事文本——读者。而对应到展览中,即是策展

---

① 杰拉德·普林斯:《叙事学:叙事的形式与功能》,徐强译,中国人民大学出版社,2013年,第10-14页。

② 马婷:《叙事与话语》,中国社会科学出版社,2017年,第30页。

人——展览——观众。只有观众能够通过观看展览,接收到策展人的信息,真正"看懂展览",完整的叙事交流闭环才能形成。在利用展览"讲故事"时,策展团队或馆方也要积极主动地对展览故事进行阐释,通过各种宣传教育形式,引导观众了解展览线索与观展顺序,发掘展览中隐藏的信息,正确理解展览主题与内涵,实现博物馆与观众的沟通对话。

四、结语

叙事型展览和非叙事型展览,只是展示方式有所不同,不存在孰优孰劣,我们要考虑的只是展示方式与展示目标、展示内容匹配与否的问题,展示方式的选择最终都是为了向观众更好地传递展览信息,实现博物馆的教育、研究、展示的使命,这是博物馆"以人为中心"的体现。

"讲故事"是展览叙事的一种方式,叙事学作为一门学科发展至今,已经衍生出多种跨学科的叙事体系,而具有鲜明叙事特征的展览叙事在博物馆学中仍缺乏完善的研究体系,不失为一种遗憾,这当然也与跨学科的复杂特性有关。对于展览叙事性的关注,是博物馆学丰富学科内涵的应有之义,也是博物馆展览向着开放性与多元化的方向发展的必经之路。相信随着博物馆学的发展、新媒体技术的发展、展陈手段的更新,对于展览叙事的研究也会更加深入。

换一种说法

——基于叙事学的展览文本去同质化研究①

李明倩

一、导言

叙事的传统由来已久,与人类之历史交织与共,它超越地域与文化,无时不在,无处不在。②正因如此,诞生于20世纪的叙事学(narratology)也承担着远超文学研究的学科使命。事实上,只要存在叙事(narrative),就可以作为叙事学的研究对象。③

叙事的定义以事件(event)及其所处的序列为核心,但在博物馆展览中,叙事的内涵较为复杂,大致可以分为两种类型:一类是叙事性的展览,即展览中出现叙事现象,如以时间轴作为叙述线索,通过情态化的复原场景、多媒体等讲述关于展品的故事等。张婉真认为这一类展览已经具备"叙事元素"(narrative element),但尚未构成完整叙事。④另一类则是由叙事驱动的展览,基本符合叙事成立的各项要素⑤,陆建松把这一类展览称为"叙事型展览",并描述为"以讲故事的方式表达展示意图,具有明确主题思想统领、严密的内容逻辑结构以及结构层次安排"⑥。

在西方,以美国为代表,博物馆早在20世纪三四十年代就出现了前一种类型的展览。这得益于当时社会工业生产力的发展,使得制作装有大幅玻璃的展柜成

---

① 本文初稿为第三届科博论坛的参会论文,在后续修改过程中得到朱幼文研究员、尹凯教授的指导和帮助,特此致谢! 本文内容目前已被《自然科学博物馆研究》杂志收录,尚待见刊。

② Roland Barthes. "Lionel Duisit. An Introduction to the Structural Analysis of Narrative". *New Literary History*, Vol.6, No.2, 1975, pp.237-272.

③ Gerard Genette. *Figures of Literary Discourse*, Columbia University Press, 1982, p.12.

④ 张婉真:《当代博物馆展览的叙事转向》,远流出版公司,2014年。

⑤ 同④。

⑥ 陆建松:《博物馆展示需要更新和突破的几个理念》,《东南文化》2014年第3期。

为可能。于是,美国博物馆借鉴商业橱窗的展示手法,在大通柜内将实物展品与辅助资料相互结合,从而形成了对展品的阐释和叙述。至1969年,美国博物馆协会发布《美国博物馆:贝尔蒙特报告》,其中指出博物馆应该成为一个"有活力的地方",让观众可以找到"乐趣和愉悦"。这反映出当时博物馆以教育为使命、重视公众参与、为社区服务的思想背景,叙事型展览便是在此语境中应运而生。

自20世纪80年代以来,国际博物馆界经历了"从物到事"(from things to matters)的理论革新[①],世界范围内开始有越来越多涉及科学、历史、社会议题的博物馆倾向于采取叙事策略[②],2001,年莱斯利·贝德福德更是明确提出:"讲故事是博物馆的真正工作。"[③]可以说,从叙事性展览到叙事型展览,是博物馆发展的必经之路。而在我国,这一转变其实才刚刚开始。

叙事学以叙事文本(narrative text)为主要研究对象,集中探讨了故事(story,即文本的内容)和话语(discourse,即内容的表达)两个层面的问题。鉴于此,本文将从故事和话语两个方面展开,为博物馆如何提炼不同的叙事主题、叙事内容,选取不同的叙事结构、叙事视角提供有益思路,以期实现叙事理论与展览实践更为充分的融合,推动博物馆向叙事型展览转向,从而突破同质化的现实困境,为展览"换一种说法"。

二、"为什么要换一种说法?"——叙事之于展览同质化的意义

自2008年实行博物馆免费开放以来,我国文博事业进入了高速发展时期。根据国家文物局公布的统计数据,截至2019年末,全国登记备案的博物馆已达5535家,增长速度位居世界前列。与此同时,博物馆每年的展览数量也急剧增加:2018年举办2.6万个,2019年举办2.9万个……平均每馆每年举办展览约50个。在这令人应接不暇的诸多展览中,出现了在展览主题、结构设置、内容编排、展品选择、形式设计等方面相似乃至雷同的现象,即所谓的展览同质化。

---

① Nobuhiro Takahashi. "Display Designs in Japan 1980—1990", *Museums & Amusement Parks*, Vol.4, Rikuyosha, 1992, p.6. 转引自严建强:《信息定位型展览:提升中国博物馆品质的契机》,《东南文化》2011年第2期。

② 张婉真:《当代博物馆展览的叙事转向》,远流出版公司,2014年。

③ Leslie Bedford. "Storytelling: The Real Work of Museums". *Curator: The Museum Journal*, Vol.44, No.1, 2001, pp.30-33.

以国内现有的34家省级博物馆为例，其中30家设置了反映当地古代文明的通史陈列，均采用以时间为轴的线性叙事结构、第三人称的视角来叙述从史前至明清的宏观历史。如果再进一步聚焦到文本标题会发现：多达10家博物馆不约而同地以"文明曙光"作为史前部分的标题，另有6家博物馆也采用了"文明摇篮""文明之光"等语义非常近似的标题，还有8家博物馆则直接使用"新石器时代""夏商周"等考古断代名词划分展区，仅有20%的博物馆凝练出了具有地域特色的标题统领展览。而除了古代通史陈列，31家博物馆还设计了若干专题陈列，但多为玉器展、钱币展、书画展、瓷器展等以欣赏器物为主的馆藏展，只有约50%的展览与当地的历史文化相关。由此管中窥豹，我国展览的同质化程度可见一斑。可以说，这些展览无论是叙述的主题、内容等（故事层面），还是结构、视角、表达等（话语层面），都大同小异，观众难免会产生"千展一面"的观感。

这一局面，首先，与文史类博物馆的馆藏资源结构趋同密不可分。陶器、青铜器、瓷器、玉器、书画等同类展品在种类与外观方面相似，历史与知识也相似，一般观众很难辨别其差异。其次，这是博物馆在理念上尚未真正贯彻以观众为中心、以教育为目的的体现。一个优秀的展览不仅要"好看"，更要让观众"看得懂"，受到启发和感悟。①因此，需要挖掘和揭示"物"所承载的历史信息、文化内涵乃至精神情感，讲出"物"背后的故事，也就是习近平总书记所讲的"让文物和历史说话""让文物活起来"。而叙事型展览的目的和作用正与这时代的需求高度一致。

叙事型展览能够将内容串联为一定序列，深入浅出，实现令观众易于理解并接受展览信息之目标。②用故事的方式讲述可以让观众进入另一个时间和地点，把自己的想法、感受和记忆投射到故事中，让展览与观众的生活和记忆之间建立联系。同时，这样的展览会更加平等地鼓励个人反思和公众讨论，并保存个人和集体的记忆，激发观众的惊奇和敬畏，帮助人们思考自己的价值观和信仰。总之，叙事性展览的价值可以归纳为四点：一是使展览内容更加易于理解；二是调动观众的注意力、好奇心、才智和情感；三是建立展览设计者与观众之间的联系；四是深化展览的内涵与传播效果。③

---

① 严建强：《从展示评估出发：专家判断与观众判断的双重实现》，《中国博物馆》2008年第2期。
② 张婉真：《当代博物馆展览的叙事转向》，远流出版公司，2014年。
③ 朱幼文：《讲故事的展览：博物馆贴近大众、教化大众之策略》，《科学教育与博物馆》2017年第4期。

由此可见，打造叙事型展览能够更好地实现博物馆的教育职能，为公众服务，响应社会需求；而引入叙事理论、增强展览叙事能力则是策划高质量叙事型展览的需要。可以说，通过叙事学为展览"换一种说法"对我国博物馆极其重要且迫切，这不仅是改变展览同质化现状的有效对策，更是博物馆发展与承担社会责任的必然要求。

三、"换一种说法，要说什么?"——故事上关注人物，转向微观

在整个文学、艺术界进入后现代主义时期后，宏大叙事开始遭到广泛质疑，并逐渐被更加关注地方性、高度个性化的叙述所取代。让-弗朗索瓦·利奥塔甚至直接把后现代定义为对宏大叙事的否定，声称"叙事功能正在失去其发生功效的元素，它伟大的英雄、伟大的危险、伟大的旅程、伟大的目标"[①]。2000年国际博物馆协会科技博物馆专委会（ICOM-ICMUSET）在《21世纪世界科技博物馆的行动纲领》中提出，"以本地的文化、历史或本地案例为背景，展示科学技术的全球性特征"，正是这一趋势的体现。受此启示，本文将讨论博物馆如何在故事主题上有所突破，用人物微观叙事的方式为展览"换一种说法"。

（一）选择人物微观叙事的原因与价值

叙事学认为故事的基本构成单位是事件，而引发事件状态改变的是行为者，人物与行动是叙事中不可或缺的重要元素。正如美国剧作家罗伯特·麦基所说，情节结构和人物相互交织，互为因果，存在着极为密切的互动关系。[②]对应到博物馆中可以看到：无论是文史类博物馆中的文物、自然博物馆中的标本，还是工业技术博物馆中的机械、科技馆中的互动体验型展品，都仅仅是历史与文化信息的载体。只有"人"制造、发明、研究、使用这些文物、标本、机械、展品的过程（"事"）才会催生某种情感、态度、价值观（"文化"）。[③]也就是说，"人"是"物"的创造者、"事"

---

① Jean-Francois Lyotard. G. Bennington and B. Massumi trans.. The *Postmodern Condition*: *A Report on Knowledge*, Manchester University Press, 1984, pp. Ⅲ-Ⅳ.

② 罗伯特·麦基：《故事——材质、结构、风格和银幕剧作的原理》，周铁东译，中国电影出版社，2001年，第124-125页。

③ 朱幼文：《关注"非物质遗产"：从博物馆定义看科技藏品/展品的价值与表达》，《自然科学博物馆研究》2020年第1期。

的串联者、"文化"的构建者，是整个叙事体系中最为关键的要素之一，应当在展览中突出表现。

　　反观我国博物馆，除了名人纪念馆之外，展览中很少关注个体，各色历史人物都淹没在横跨数千年的文明进程之中，沦为图文展板中的冰冷插曲。这种欠缺细节和温度的展示方式让人物流于形式，观众无法真正地感知人物，也就难以与其建立情感联系，进而也不易理解展览的思想精神。因此，如果想要传播文化层面的情感、态度、价值观，真正地让观众收获启发和感悟，展览以"人"为主题是极佳的选择。

（二）使用人物微观叙事的探索与方向

1. 塑造人物，透物见人

　　在很多优秀的文艺叙事作品中，人物形象都塑造得丰富立体，随着情节的发展，人们会逐渐在角色身上投射自己的思想与感情，产生认同、喜爱或厌弃、仇恨，为其命运欣喜或悲泣。可以说，有时正是因为角色被塑造得有血有肉，叙事才具有强大的吸引力。那么展览能不能通过文物、文献集中塑造一个人物，还原其人生经历，传递其精神情感呢？2016年首都博物馆的"王后·母亲·女将——纪念殷墟妇好墓考古发掘四十周年特展"就是一个这方面的优秀案例。展览基于数十年来深厚的研究基础，将200余条关于妇好的甲骨卜辞和411件墓葬出土器物融汇于"她的时代""她的生活""她的故事""她的葬礼"四个部分之中，向观众展示了多重身份的妇好之不同侧面，让观众跨越数千年的时空隔阂真正认识了妇好这位商代女性，大大拉近了展览与观众的距离，充分调动了观众的注意力和好奇心。

2. 聚焦个体，以小见大

　　由于我国展览往往脱离微观个体，其所叙述的宏大历史在观众眼中就成了口号式的说教，观众既难以接受也无法留下深刻印象。而如果转变思路，在这样的展览中更多地关注个人，尝试微观叙事，增添具体细节，就会既让抽象空洞的宏大叙事变得生动鲜活，又能在潜移默化之中使观众领悟到历史背景与主题。正所谓以小见大，通过人物微观叙事深化宏大历史之内涵。2019年中国丝绸博物馆举办的"丝路岁月：大时代下的小故事"正是一次这样的成功尝试。展览以丝绸之路的建设者、守护者和见证者为小标题，通过500余件展品和历史文献资料，共同讲述了丝绸之路上商团、牧民、船员、教士、军士、官员、农夫、驿长、僧侣等13个人物的日常生活和平凡经历。让观众在感知丝绸之路与普通人命运之息息相关、产生情感共鸣的同时,了解到13个小故事背后那个和平合作、开放包容的大时代。

四、"换一种说法,如何来说?"——话语上丰富结构、转换视角

20世纪八九十年代开始,美国的博物馆率先在展览叙事上进行了方法上的诸多尝试。如1993年开放的美国大屠杀纪念馆将其展览定位为具有"强叙事性的三幕剧式展览"[①],从而在诸多同类博物馆中脱颖而出,成为该主题展示的标杆。这一突破正是充分借助了叙事话语的力量,打造出了展览的个性与特色,备受业界推崇。鉴于此,本文将提出两个叙事话语上的转向路径,希望可以对解决展览同质化问题有所裨益。

(一) 从线性因果叙事转向主题多元结构

目前,我国博物馆(尤其是文史类博物馆)广泛使用以事件因果关联作为叙述动力、以线性时间作为叙述线索的简单叙事结构。这些展览往往以文明史为主题,历史跨度极大,因此讲述的事件之间缺乏明确的因果联系,难以实现环环相扣、吸引人心的叙事效果。同时,展览在每一个历史时期又往往遵循政治、经济、文化的思路组织内容,这种类似历史教科书的叙事方式,很容易造成观众的审美疲劳,难以称之为一个"好看"的展览。

反观文学、电影、戏剧等领域,叙事结构之丰富多样已经令人眼花缭乱。玛丽·劳尔·瑞安将其归纳为8种类型:简单叙事(simple narrativity),单一情节,围绕一个问题或目的;多重叙事(multiple narrativity),文本由多个自足叙事组成,之间并无相互指涉关系;复合叙事(complex narrativity),有一个主要情节线和许多嫁接其上的半自主小故事;框架叙事(framed narrativity),文本由一个故事包含另一个自主故事;增值叙事(proliferating narrativity),文本由一群人物的多个小故事组成,以微叙事为焦点;冲淡叙事(diluted narrativity),情节中充满非叙事元素,以状

① Jesajahu Weinberg. "A Narrative History Museum". *Curator: The Museum Journal*, Vol.57, No.6, 1994, pp.231-239.

态唤起、心理活动为主；辫结叙事（braided narrativity），追踪几个人物分离的命运，没有总体情节；胚胎叙事（embryonic narrativity），文本交替呈现各个时间点事件，相互并无因果联系。[①]

借鉴以上的叙事学成果，博物馆可以适当跳出编年体的框架，根据自己的主题与内容创新展览的叙事结构。比如尝试为展览设定一个核心故事，安排部分旁支故事为主线服务，以丰满、完善乃至拓展主要情节。美国史密森国立历史博物馆的"美国民主：信仰的伟大跨越"（"American Democracy：A Great Leap of Faith"）就是成功运用这种复合叙事结构的典范。展览并没有以时间为序，再现美国民主制度的演进历程，而是围绕其建立和发展讲述了美国人民如何争取政治权利、公民概念的内涵与边界、政党符号的形成与象征等内容，极大丰富观众对美国民主制度的认知，成为了解美国政治文化的窗口。

再或者设计多条彼此独立、权重相当的平行故事线，通过深刻的主题意象、深沉宏阔的情绪基调或哲理性的历史观念统一全展。2017年改陈后的湖南省博物馆推出的基本陈列"湖南人：三湘历史文化陈列"就采用了多重叙事结构，由"家园""我从哪里来""洞庭鱼米乡""生活的足迹"和"湘魂"五部分构成，从自然环境变迁、民族格局形成、水稻文化发展、历史生活图景和人文精神升华五个层面讲述湖南人的来龙去脉。展览以当地类群的整体形象与性格特征为总领，在内容上实现了以人为本，令人耳目一新、印象深刻。

（二）从零聚焦全知叙述转向内、外聚焦视角

我国博物馆的展览出于客观性、科学性、权威性的需要，普遍选取第三人称全知叙事视角（即零聚焦视角）。尽管这种视角可以不受限制地对任何事件、人物展开评述，但也容易导致观众产生距离感、难以带入个人感情，同时为设置情节上的悬念增加难度，也在一定程度上导致了展览面貌的相似。那么，展览的叙述视角还有其他选择吗？

事实上，视角的多样性正是不同叙事表现方法的重要来源，很多文学、影视作品会根据剧情或主题需要变换叙述主体。在叙事学对视角的研究中，以热拉尔·

---

① 张新军：《数字时代的叙事学：玛丽·劳尔·瑞安叙事理论研究》，四川大学出版社，2017年，第35-37页。

热奈特的聚焦理论应用最为广泛,他把"谁说"(叙述,表现视觉的主体)和"谁看"(视点,视觉的主体)区分开来,提出"聚焦"(focalization)的概念,以视觉、感受的核心作为聚焦主体。其中,除了无固定视角进行全知叙述的零聚焦视角外,还有内聚焦视角(即与某一个人物重合,借助这个特定人物去观察世界并与周围发生关联)和外聚焦视角(即让叙事者与叙述者重合,不参与故事,不深入人物的内心)。①

目前,博物馆对于转换叙事视角已经开展了不少有益探索。比如美国大屠杀纪念馆为8岁及以上中小学生专门设计的"铭记孩童——丹尼尔的故事"("Remember the Children——Daniels' Story")就采用了固定式内聚焦视角(即固定聚焦于一个人物)。展览以大量二战时期的孩童日记和幸存者口述为基础,塑造了一个虚拟人物——德国犹太男孩丹尼尔,通过他向观众讲述一个犹太孩童的生活如何被战争完全颠覆。这种叙述视角的转化在尊重史实的基础上,充分借鉴了教育学和心理学,深受儿童观众的认同和喜爱,并广受各界好评。②

另外,博物馆对外聚焦视角的使用也有出色实践。2014年首都博物馆举办的"呦呦鹿鸣——燕国公主眼里的霸国"就借助燕国公主远嫁霸国这一线索,选取这位公主作为聚焦者,以外聚焦视角呈现出一个史籍记载中"天下为公"的理想国度,通过"出嫁——合二姓之好""祭祀——国之大事""丧葬——事死如生""宴饮——明君臣长幼之义"四个部分展现出霸国的社会宗法礼制文化。③展览把叙述者(燕国公主)独立于故事之外的同时又通过她的视角向观众传递信息,既不失客观又蕴含情感,犹如旁白般娓娓道来,在叙述方式上显示出展览设计者的匠心。

五、余论

在叙事转向的时代浪潮中④,业已硕果累累的叙事学理论不仅能改变我国展览同质化严重的尴尬处境,还可以为今后展览实践的相关探索指引方向。詹姆

---

① Gerard Genette. *Narrative Discourse*, Cornell University Press, 1980, pp.185-190.
② 郑奕:《如何讲好博物馆展览中的故事》,《国际博物馆（全球中文版）》2016年第Z1期。
③ 杨文英:《重大考古发现展览策划的新尝试——以"呦呦鹿鸣——燕国公主眼里的霸国"为例》,《北京文博文丛》2016年第1期。
④ 张婉真:《当代博物馆展览的叙事转向》,远流出版公司,2014年。

斯·费伦曾指出：读者在追踪不稳定因素及紧张因素的运动之际，会产生三大类关注。第一类是模仿类（mimetic）关注，会关注具有现实可能性的人物及与我们相仿的世界；第二类是主题类（thematic）关注，会关注叙事的思想、价值观和世界观；第三类是合成类（synthetic）关注，主要关注作为人工构想的叙事。读者发现关注点后会积极参与到许多更为具体的反应活动中，对人物进行评判，对他们施与希望、欲望和期望，并就总体的叙事形态和方向提出尝试性的假设。①

博物馆或许也可以考虑在叙事文本中尽量增加这样的关注点，从而让观众更加乐于观看和参与展览。比如：尝试在展览中增添与现实世界的联结，如物质上的近似或情感上的共鸣，并通过尽可能丰富的细节进行呈现；重视展览的主题表达，在其中适当包含一定的观点和思考，启发观众，让他们参与故事并有所收获；关注叙事的结构本身，加强叙事的连贯性，突出事件之间的因果联系，让展览所讲述的故事有头有尾，起承转合，完整饱满。

近年来，展览叙事成为博物馆实践和研究中越来越引人瞩目的重要议题，这反映出的也许是今天的我们，无论社会公众还是博物馆自身，都逐渐看到了故事在博物馆展示和传播中的无限潜能与巨大力量。相信对叙事理论更为广泛的关注和应用，将会进一步激发博物馆讲出具有不同内涵、不同形式的文明史、民族史、艺术史、科技史、自然史的故事！

---

① 罗伯特·斯科尔斯、詹姆斯·费伦、罗伯特·凯洛格：《叙事的本质》，于雷译，南京大学出版社，2015年，第322-333页。

个性化的内容策展

——以云南地方博物馆的基本陈列为例

邱 玮

近年来各地兴建博物馆,新展览数量爆炸式增长。综观各地博物馆的展览尤其是基本陈列,在内容框架、展览语言、展示手段上存在千馆一面、千展一面的现象。理论上,地方博物馆应退守和扎根于地方历史文化脉络,挖掘展示文化重点亮点,同时深入了解当地文化需求,与时俱进,策划与时代相关、与当地人生活相关的展览。而实际上,尽管地方博物馆的展览使命清晰,定位清楚,但在实际操作中,基本陈列往往呈现雷同现象,各地展览在结构、视觉效果上呈现出相似性,不能体现地方特色。本文主要围绕展览文本(展览大纲)来探讨如何策划个性化展览。

一、对博物馆展览策划研究现状的反思

(一) 以理论研究为主,对实践的指导性不足

博物馆的展览策划主要包括展览文本的撰写、形式设计、施工、布展等流程步骤。展览文本是展览的核心和灵魂,因此在中国很多博物馆,大纲撰写者同时担任展览的策展人,负责全程统筹展览项目。国内目前关于博物馆展览策划方面的学术研究成果虽数量较多,但引介优秀展览或理论研究者居多,基于具体展览案例进行深入分析者相对较少。展览作为一门实践性、经验性较强的学科,如果不将讨论置于具体案例中进行,则不能对实践产生较好的启发和指导作用。对于策展人来说,从现有研究成果中学习经验和思路存在一定难度。

(二) 关于展览文本的研究成果较少,不能形成研究体系

策展人制度在国内部分博物馆得到推行,但很多博物馆尚未采用。在很多博

物馆的部门职能设置上，展览的内容策划（文本撰写）和设计施工分属不同部门，展览文本撰写工作归属研究部门或典藏部门，形式设计工作归属设计部门，工程实施与管理工作归属展览部门。展览文本撰写者由于不直接参与展览设计和施工，对展览缺乏统筹和控制能力，从而不具备对该项工作的研究能力。

同时，不同于美术馆，博物馆的展览策划周期较长。对于博物馆的策展人来说，一个展览从启动到完成通常需要1年甚至更长时间，根据博物馆对不同主题展览的需求，通常策展人完成一个展览后短时间内不会连续承担下一个项目。而对展览文本进行分析和研究要求策展人承担过数个展览，撰写过一定数量的大纲，积累丰富的策展经验，进而有所反思总结，经验不足的策展人难以做到。

此外，由于展览文本冗长，引用不便，给分析研究造成困难。对于高校的研究人员来说，熟谙理论但缺乏足够的展览文本撰写经验，阻碍了研究的深入。基于以上存在的问题，本文希望从策展案例中总结经验，共同探讨如何实现个性化策展。

二、地方博物馆基本陈列案例的分析研究

不同于临时展览主题鲜明，内容活泼，形式多样，地方博物馆的基本陈列承担了展示一个地方历史文化特色的定位和使命。因此，遵照历史线索逐个呈现、通史展与专题展结合是大部分地方博物馆所采用的展览思路。由于各地的历史进程相同或相似，其博物馆容易产生相同的策展思路，以至于同一个展览思路和框架在多地使用，甚至一个展览文本被拿到另一个地方使用，展览标题都无须更换。这是各地博物馆千展一面的重要原因之一。

如何将同类型的展览做出个性？以下总结部分内容策展工作中的优秀思路和经验，以呈现实现展览个性化的一些可能性。

（一）文物的分层解读、拓展和延伸

本部分以云南省博物馆基本陈列"新石器时代"为案例进行探讨。在各大博物馆的通史陈列中，新石器时代是所占比重较小的部分。谈及新石器时代，观众的刻板印象是石斧、陶罐、洞穴里原始人钻木取火场景和相关的考古工作介绍。综观大部分博物馆，常规的展览思路主要以时间为线，围绕考古发掘成果来展示

新石器时代遗址出土的石器、陶器、骨器等器物,展示手段以展柜陈列文物为主,结合遗址、打猎、农耕、住宅等场景复原或模型等。

而在云南省博物馆的"新石器时代"展览策划中,策展人在文物基本信息基础上,对文物背后的文化含义做了分层解读、拓展和延伸,将考古成果与云南多民族、文化多样性融合,结合当下,丰富了千篇一律的展览内容和形式。

1.例子一

藏品信息——

　　名称:陶瓮罐(图1)

　　质地:陶

　　出土地:云南元谋大墩子遗址

　　尺寸:高31厘米,口径8厘米

　　年代:新石器时代

图1　陶瓮罐(元谋大墩子出土)

（1）第一层内容:陶瓮罐

陶瓮罐出土于元谋大墩子新石器遗址。新生的婴儿如夭折,人们就把婴儿放入罐中,头朝上,盖口,倒置。罐身两侧和底部分别有孔,意为灵魂再生的出口。陶瓮罐是金沙江中下游丧葬习俗的典型代表器物,是大墩子先民灵魂观念的体现。

展示方式:陶瓮罐一组5个,柜内展示。

（2）第二层内容:云南先民丧葬礼俗和灵魂信仰

云南的新石器时代先民有九种不同葬式:仰身断肢葬、仰身直肢葬、仰身屈肢葬、侧身屈肢葬、俯身屈肢葬、无头葬、二次葬、母子合葬、儿童瓮罐葬。

展示方式：九种葬式模型＋文字说明。

（3）第三层内容：人从生到死的八个阶段

生与死是人类社会永恒的主题，对生与死的探讨跨越族界和时空，策展人选取了今天云南世居少数民族不同人生阶段的照片，包括出生、成年、恋爱、成婚、育儿、授艺、晚年、离世八个人生阶段，展示人类的生命历程，将云南的新石器文化放到了更宏大的人类生命历程的时空语境中。

展示方式：照片一组。

（4）第四层内容：《指路经》

时至今日，云南少数民族仍然保留着灵魂不灭的观念，很多民族都相信人死后灵魂要回归祖先世界，《指路经》是一条条从不同方向回归的线路，无论子孙后代迁徙到哪里，它总会指引着亡灵跋山涉水回到祖先居住地。《指路经》是口传史，通过提取不同民族《指路经》的元素，展览创作了大幅墙面手绘画《指路经》，向观众展示了灵魂观念在云南从古到今的存在和延续。

展示方式：大幅墙面手绘画（图2）。

图2　《指路经》墙面手绘画

（5）第五层内容：人类学纪录片《灵魂不灭——景颇族的葬礼和〈指路经〉》

展览以景颇族为例，展示云南世居少数民族的丧葬仪式与文化，包括吟唱《指路经》护送灵魂回归等，影像播放与静态展示相结合。

展示方式：多媒体视频播放。

2. 例子二

藏品信息——

名称:赤铁矿颜料柱(图3)

年代:新石器时代

发掘地:临沧耿马石佛洞

图3　赤铁矿颜料柱(临沧耿马石佛洞出土)

(1) 第一层内容:赤铁矿颜料的用途

赤铁矿颜料用于云南先民绘制岩画。

展示方式:柜内展示。

(2) 第二层内容:洞穴内岩画

岩画分为两种,洞穴内绘制的岩画通常较为隐蔽,与人的住处接近。岩壁上绘制的岩画规模较大,内容丰富,有较强的祭祀仪式性。

展示方式:场景复原。

(3) 第三层内容:大幅岩画墙

展览选取云南各地岩画中的代表图案,在大幅岩画墙上集中展示。

(4) 第四层内容:巫师绘岩画

绘制岩画的人通常为祭师,绘制岩画的过程通常带有仪式性,因此展览用雕塑将巫师盛装绘岩画的场景展示出来。

展示方式:模型。

(5) 第五层内容:《崖画里的故事》

策展人——解读岩画上的图案,还原出石佛洞先民当时生动的生活场景,如村寨、狩猎、畜牧、采集、祭祀、娱乐等,用第一人称视角创作了脚本,做成动画,让一个小孩自述新石器时代先民一天的生活。

此外,为更生动、立体地呈现新石器遗址出土的代表当时人们审美观念的骨饰品,策展人选取了一组照片,分别展示今天云南少数民族中依然保留的一些古老的装饰习俗,如文身、漆齿、金齿、纹面、耳筒等,与当下人们的审美观念遥相呼应,便于观众理解新石器时代先民的生活,进而与当下连接。通过对诸如此类文物的解读和内容延伸,云南省博物馆展览《新石器时代》呈现了不一样的展览效果,更丰富多彩,更关注人并与当下的时代和人们的生活关联。

展示方式:多媒体动画播放及照片展示。

(二) 从关注文物、历史、文化事项到关注"人"

本部分以德宏州博物馆基本陈列大纲为案例进行探讨。德宏傣族景颇族自治州位于云南西部,东面与保山市相邻,而北、西、南三面与缅甸接壤。2018年德宏州博物馆陈列展览项目启动,以下对不同阶段两个展览大纲的文本进行比较分析。

1. 展览框架一

序厅——西南丝绸之路上的璀璨明珠(德宏概览)

 第一单元　西南丝绸之路

 第二单元　守望丝路——德宏自然人文地理

 第三单元　江山多娇——德宏掠影

第一部分　沧桑回眸　德宏史话

 第一单元　丝路古韵　史海钩沉

 第二单元　改天换地　开创新纪元

第二部分　五彩民族　和睦赞歌

 第一单元　物阜民丰　民族沃土

 第二单元　五彩民族　各美其美

 第三单元　美美与共　和睦颂歌

第三部分　缅怀与铭记(德宏名人)

结　语(一带一路　辉煌成就)

该展览框架着重梳理和展示了德宏的自然特色、历史与文化事件。序厅部分展示了德宏的自然景观。第一部分"沧桑回眸　德宏史话"是通史陈列,详细展示了德宏历史发展的进程和重要节点。第二部分"五彩民族　和睦赞歌"展示了德宏五个主要世居民族,分别从服饰、文化符号、节庆、技艺与宗教等专题来介绍。第三部分"缅怀与铭记(德宏名人)"展示了德宏历史上的名人志士。最后以"一带一路"作为展览结尾。这是传统的展览思路,优点在于能够完整地梳理地方文化脉络,缺点是以呈现知识点、事件、文化现象为主,平铺直叙,缺乏层次感,重点不突出。民族部分以专题形式来展示服饰、节庆、技艺等文化特色和知识点,不能区分人、民族和文化三个不同层次。

2. 展览框架二

第一部分:家园

第一单元　孔雀之乡

第二单元　枢纽重地

第三单元　文明之邦

第二部分:安居乐业

第一单元　河坝里的种稻民族——傣族

第二单元　刀耕火种的民族——景颇族

第三单元　技艺精湛的民族——阿昌族

第四单元　种茶的民族——德昂族

第五单元　欢乐爱唱的民族——傈僳族

第三部分:先辈的馈赠

第一单元　生养之地——传统村寨聚落

第二单元　吟诵——来自远古的声音

第三单元　歌舞——听从内心的情感

第四单元　傣剧——博采众长

第五单元　剪纸——叶逐刀出、花随指新

第六单元　手工技艺——心灵手巧　代代传承

第七单元　节庆——欢乐的时光

第八单元　传统医药——祖先的智慧

第四部分:守土固边

第一单元　铭记

第二单元　缅怀

展览框架二考虑德宏历史记录有断代,综合展品情况,从通史陈列角度来对展览内容进行架构有难度,因此以"人"为关注点,围绕"一方水土养一方人"的思路来搭建展览。人文产生的基础是自然,所以展览从德宏的自然环境、特殊地理位置入手,分四个层面向观众介绍:德宏是个什么样的地方？这个地方孕育了什么样的人？这些人创造了什么样的文化？德宏的人文精神是什么？第一部分"家园"主要展示了德宏作为德宏人生息繁衍的家园,其自然环境、地理位置,并用大事记的展示方式简要勾勒出德宏的历史发展线索。第二部分"安居乐业"展示了世居德宏的五个民族,该部分主要关注不同族群及其生活状态,通过吃、穿、住、行、习俗、信仰等来逐一、立体呈现五个民族的生活样貌。第三部分"先辈的馈赠"主要展示的是德宏人创造的灿烂文化,以省级以上非遗项目为主要亮点。第四部分"守土固边"提炼出德宏人的精神。展览希望给观众构建出"德宏人"的形象,因此文物、事件、文化现象均是为烘托和展示"人"而服务。

（三）展览视角和叙事语言的转变

本部分以宁洱县民族博物馆基本陈列大纲为案例进行探讨。宁洱位于云南省南部、普洱市中部,是古普洱府所在地,也是普洱茶的重要产地。普洱府历史上辖滇南普洱、西双版纳两地,统管历史上有名的六大茶山,与普洱茶、云南境内的茶马古道相互依存。普洱茶因普洱得名,因茶马古道而兴,并成就了清代普洱府的辉煌。因此,普洱茶、普洱府、茶马古道成为宁洱历史文化的重要符号。

1. 展览框架一

序厅　宁洱历史文明陈列

第一部分　普洱山　普洱茶

　　第一单元　宁洱是世界茶树起源中心地

　　第二单元　普洱茶的发展历程

　　第三单元　普洱贡茶

　　第四单元　普洱茶制作技艺（贡茶制作技艺）

　　第五单元　普洱茶的定义和分类

第二部分　古道源头宁洱

（1）版面文字1

宁洱是普洱茶的故乡，世界茶树起源中心地。宁洱古称"步日"，古越语发音"普洱"，商周时期是濮人聚居的地方，濮人是云南澜沧江流域最古老的土著民族先民，是世界上最早发现、驯化、栽培和种植茶树的民族，距今已有3000多年的种茶历史。

（2）版面文字2：困鹿山皇家贡茶园

宁洱困鹿山古茶园，史为皇家专用贡茶园，也称为御山，属无量山南段余脉，最高峰海拔2271米，总面积10122亩。园内散落着众多千年以上的野生型、过渡型、栽培型和大叶种、中叶种、小叶种古茶树。茶园核心区位于宁洱县宁洱镇宽宏村，至今仍存有栽培型古茶树400余株。困鹿山皇家贡茶园古茶树密集，年代久远，种类齐全，植被完好，是茶树科学研究的种质资源基因库和博物馆，是世界茶树原产于普洱的活见证，是珍贵的自然和文化遗产，有较高的历史和科学研究价值。2013年12月2日，被普洱市人民政府公布为第一批普洱市文物保护单位。

（3）版面文字3

2004年11月19—21日，中国农业科学院茶叶研究所、中国科学院昆明植物研究所、云南省农业科学院茶叶研究所、云南农业大学、中国普洱茶研究院等单位抽调专家组成专家考察组，对宁洱境内野生大茶树和古茶园进行现场实地考察，经分析研究，得出结论："困鹿山古茶园的典型植株（普洱7号），该植株为小乔木，树高9.80米，树幅5.20～5.90米，基部干径为0.53米，属普洱茶种camelliasinensis var.assamica（Masters）kitamma，是栽培型茶树，习称为大叶茶。从茶树树龄、分布密度和长势看，困鹿山古茶园是目前已发现的保存较好、仍有栽培价值的古茶园之一,从而表明普洱县(今宁洱县)是古普洱茶的原产地之一。"

(4)小结

以普洱茶、茶马古道为主题的展览近年来在西南各地层出不穷,仅云南一地就推出此主题的各种基本陈列、临时展览十几个。究其内容,大同小异,展览思路均以宏观视野、传递知识点为主,都是以茶马古道沿线留下的遗迹、普洱茶产销为题材,文物以马帮用具、茶具及茶生茶工具、茶商茶号的票据、官印等为主。茶马古道是一个充满想象力、极具吸引力的主题,探索其不同的策展思路十分有趣,但已有的展览效果却不尽如人意。

展览框架一代表了地方博物馆的传统展览思路:序厅介绍宁洱,第一部分介绍宁洱的普洱山、普洱茶,第二部分介绍茶马古道的宁洱段,第三部分介绍清代普洱府城(今宁洱)。地方博物馆希望尽力将宁洱在普洱茶、茶马古道上的重要性、亮点、重点展示出来,该展览思路和框架具有典型的地方视角,展览语言以下定义和学术论述为主。从策展角度看,每个地方都有自己的文化特色,而自我中心的策展视角和学术性展览语言无法与观众建立连接,会让观看者兴趣缺缺。

结合宁洱展览案例,如何使该展览呈现不同面貌?如果策展人将自己换位成观众,普洱茶、茶马古道应以何种面貌呈现才能为大众接受和喜爱?切换展览视角,以外来观众、旅行者、喜爱普洱茶之人的视角来探索宁洱、普洱茶和茶马古道,采用第一人称的叙事语言,是否具有可行性?

2. 展览框架二

第一部分　一杯茶汤的时光

第二部分　问茶于山

　　　第一单元　寻访茶山

　　　第二单元　探寻茶树起源

　　　第三单元　古老茶农

第三部分　穿越普洱茶的历史时空

第四部分　重走茶马古道

　　　第一单元　因茶而兴的道路

　　　第二单元　宁洱茶马古道

　　　第三单元　盐马古道

第五部分　普洱府的辉煌

(1)版面文字1

茶

香叶,嫩芽,

慕诗客,爱僧家。

碾雕白玉,罗织红纱。

铫煎黄蕊色,碗转曲尘花。

夜后邀陪明月,晨前命对朝霞。

洗尽古今人不倦,将至醉后岂堪夸。

——元稹《一字至七字诗·茶》

(2)版面文字2

结束一天的工作,回归私人惬意闲适的时光,邀三五好友品一泡暖香的普洱。当茶香熨帖过每一个毛孔,安慰了日常忙乱之后的辛劳,幸福、踏实的感觉从心里透出。

和普洱的相遇是生活中的惊喜,眼目可见漂亮的金黄与褐红,转化为味蕾上普洱生茶带来的苦、涩、回甘生津,普洱熟茶饱含的醇厚、温和、顺滑,更有那暗藏在茶味中隐隐的花草香、水果香、蜜香、陈香和木香,让普洱茶的韵致满盈自然之灵性。

(3)版面文字3

对普洱茶的爱意如同执念催促我们启程,一路向南,寻访它的家乡。普洱茶的根脉在哪里,普洱茶的背后是些什么样的故事,这是我们想要了解的,也是想要告诉更多人知晓的。

(4)版面文字4:寻访困鹿山古茶园

着迷于困鹿山的茶那甘甜悠长的韵味,从2009年起,我几次试图寻访茶山,第一次在山里迷了路,第二次因下雨滑坡不得已返程,第三次因为修路无法通车只好抱憾而归。直到2018年第四次前往,才终于顺利到达传说中的困鹿山皇家茶园。

困鹿山古茶园位于宁洱县以北30多公里处,海拔1500多米,属于无量山的余脉。我们所到的村子位于一个四面高山环绕的向阳坡上,只有十几户人家,掩映在葱葱的茶园之中。据资料记载,于清朝雍正七年(1729年)正式立为皇家御茶园,所产春茶全部进贡朝廷。

(5)版面文字5

因着老乡带路寻踪茶马古道的遗迹,我偶然来到了一个不起眼的小山村。小山村的名字微小到无法在地图上搜寻,她位于哀牢山脉和无量山脉交错地带,只有17户人家。

在宁洱的许多小村子里,古茶树没有连片成林,或几棵,或十几棵,或几十棵,散落在村子周围的山林和地头。每一小片茶树,就是某一家人的祖先种下的,归属和传承都非常明确,成为造福子孙的摇钱树。

(6)版面文字6

循着茶农和马帮的足迹,我们来到宁洱。穿过古城,伸手触碰留存有岁月痕迹、装满故事的老墙砖的那一瞬,辉煌的普洱府仿佛就立于眼前。

(7)小结

展览框架二尝试以第一人称为视角,以探索寻访为线索,以空间转换、时间穿越两条脉络,以现代社会中的普洱茶时尚潮流为切入点,从人本体验的角度开始叙述,回溯时空,将普洱茶之源、普洱茶的历史、茶马古道、普洱府娓娓道来,随后以重现普洱府的辉煌为结尾,达到展览高潮,从而展示更人性化、更有温度、更具故事性的宁洱、普洱茶和茶马古道,与观众建立连接和对话。

展览以叙事语言为基调,将科普式的知识作为第二层展板,以补充知识点的方式出现,避免枯燥乏味的学术性论述,同时引用一些个人访谈语言,通过形式设计来区分展示层次,从而增强展览的故事性、体验性。

在如今创意无限的时代里,策展应突破千篇一律,不拘一格。通过对文物进行深层解读、拓展、延伸,可丰富展览内容;从关注文物、历史、文化事项到关注"人"的思路转变,以及展览视角和叙事语言的转变,可使展览更人性化,更有温度和亲和力,更能与观众连接,从而使千展一面的地方博物馆基本陈列向个性化转变。

三、地方博物馆展览策划中存在的一些问题

其一,地方博物馆因置身于当地语境中,通常能准确把握地方文化的亮点,展览定位清晰,但在展览内容策划上缺乏创新,难以跳出自我中心的文化视角,导致展览内容生硬枯燥,难以贴近观众。

其二,地方博物馆因展览策划经验有限,缺乏展览策划的系统知识,容易将展览文本等同于学术著作,以学术著作的标准来进行展览内容策划,仅仅专注于知

识点的完整性和文字细节的准确,而忽略了思路、框架、创意、语言风格、文物关系和空间效果才是展览文本的核心与重点,从而导致展览内容平铺直叙,缺乏层次和趣味,形式效果不佳。

其三,地方博物馆尤其是中小型博物馆缺乏专业策展人,因此原创性展览策划通常依靠邀请外部策展人完成。由于外部策展人在地方没有具体职位和话语权,与当地文化主管部门缺乏相互了解,其展览创意往往难以得到当地决策部门的认可,相较而言,循规蹈矩的文本方案更容易被当地接纳采用。因此对于地方中小型博物馆来说,要做一个创意好、质量高的展览难度更大。

科学文化的博物馆表达

——工程文化博物馆的策展思考与实践

许　捷

根据国际博物馆协会对博物馆的现行定义和长期的博物馆实践,大部分博物馆人都会认可博物馆是一个文化教育机构。然而,博物馆是一个擅长文化传播的机构吗? 观众通过观察展品可以获取文化信息吗? 科技类博物馆的展览需要传播文化吗? 博物馆如何通过展览的语言传播文化? 作为一个与文化密不可分的教育机构,博物馆有着太多与文化传播直接相关的问题,但目前并没有成熟的答案。

在展览目标从以物为中心转向以观众为中心,展览的方式从器物定位转向信息定位的趋势中,人文历史类博物馆的展览已经不局限于将展品陈列给观众欣赏,而是希望通过不同的阐释手段,挖掘展品信息,传播没有物质载体的文化核心,利用展品非物质的遗产价值呈现展品的重要性。以往被认为是科学技术科普中心的科技类博物馆需要跟上人文历史类博物馆的脚步吗? 科学文化是什么? 科学文化的博物馆化表达应该怎么样实施? 在回答这些问题之前,需要看到,由于文化是一个多层次结构,即便是人文历史类博物馆,在完整阐释、传播文化时也存在着很大的困难。

一、文化的结构——博物馆完整阐释文化的困境

哲学家和历史学家从来没有对文化形成一个统一的定义,在目前对文化的理解中,基本上都同意文化的三层次说,即文化分为器物层次、制度层次、理念层次。[1]斯诺认为:"科学文化确实是一种文化,不仅是智力意义上的文化,也是人类

---

[1] 杨明华:《有关文化的100个素养》,驿站文化,2009年,第4页。

学意义上的文化。"①科学家、技术人员和工程师的工作态度、信念、价值观,确实存在着虽未经总结,但普遍认同观念。我们通常以科学精神、科学态度、科学哲学等概念描述它们。李醒民认为,科学文化是科学人在科学活动中的生活形式与生活态度,或者是他们自觉和不自觉地遵循的生活形式与生活态度。科学文化以科学为载体,蕴含着科学的禀赋和禀性,体现了科学以及科学共同体的精神气质,是科学的文化标格和标志。②

作为与人文文化相对应的概念,对于科学文化本体论的探讨,并不是博物馆文化阐释方法的重点。与文化三层次说相似,孟建伟在对科学文化的论述中,认为科学文化应当包括科学的价值观、制度、行为和成果(理论的、技术的和物化的东西)这四个层面(图1)。前两者是形而上的部分,后两者则是形而下的。③这样的结构层次落实到科技类展览中,基本适配,但需要对成果的部分稍做调整。在科技类展览中,理论与技术同样需要物质载体进行表达。因此展览中完整的科学文化可以表达为价值观、制度、行为、物质四个层面。从内到外,被物质外壳所包裹。展览能够直接呈现的,通常只有展品的物理形态。而科学家或工程师在技术创新、科学进步中的精神、态度、追求,作为一个科学整体的方法与制度,与制度和价值观两个部分是匹配的,展览中比较难以展示的也正是这一部分。

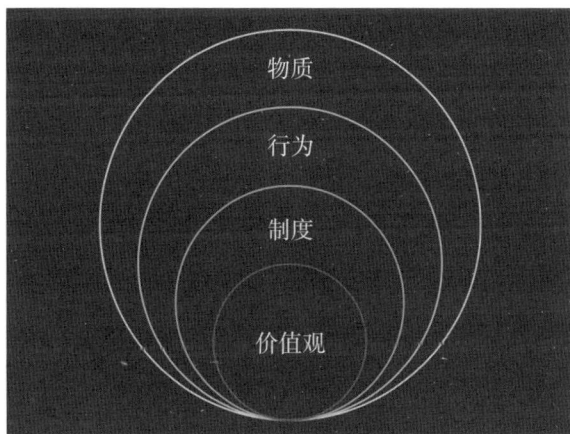

图1　展览中科学文化的四个层次

①斯诺:《两种文化》,纪树立译,生活·读书·新知三联书店,1994年,第8-10页。
②李醒民:《科学文化与人文文化:融汇与整合》,《山东科技大学学报(社会科学版)》2012年第3期。
③孟建伟:《论科学文化》,《中国科学基金》2009年第2期。

博物馆在阐释与传播科学文化上的不力，是由意识和手段两方面的因素造成的。一方面，科技类展览并没有意识到需要展示科学文化中制度与价值观的部分。在美国芝加哥科学与工业博物馆，对于不同蒸汽机的展示使用了可以运作的蒸汽机模型（图2）和简单的展览标签。这个博物馆对于各种理化原理的展示，做得非常清晰、精彩，浅显易懂。但是从其对蒸汽机的展示方式上，观众可以看到的也仅仅只有蒸汽机的工作原理。而以蒸汽机发明与大规模应用为重要标志的第一次工业革命及其对社会发展的推动，是无法看到的。我们甚至在这里看不到行为的层面，即这些蒸汽机是怎样被发明和改进的，自然也无法知晓制度层面当时整个工业发展和劳动力使用的总体情况，以及工程师群体发明和改进蒸汽机的态度、动力与精神追求。另一方面，博物馆在阐释科学文化上的不力，是源于展示手段的短板。在实际的展览设计中，设计师很难讲述每一台蒸汽机的设计过程，而价值观、精神、制度这些抽象的概念，本来就不是博物馆展示手段之擅长。这个问题在人文历史类的展览中也严重存在：哲学思想、认识、概念，并不是展览语言的长处；而小说、电影的叙事手段，也不可能完全在展览中使用，这与观众在博物馆中是在行动与站立中交替接收信息的认知特点相关。[1]

图2　美国芝加哥科学与工业博物馆中展示的蒸汽机模型

从一个技术史的角度来看，博物馆比较容易表现技术变化导致的物的变化，而背后的原因，就不是展示语言的擅长了。对于科学文化的博物馆化表达，重点也就落在制度和价值观两个深藏在内的层面上。

---

[1] 严建强《在博物馆里学习：博物馆观众认知特征及传播策略初探》，《东南文化》2017年第4期。

2011年,笔者所在的策展团队,受黑龙江工程学院的委托,策划设计工程文化博物馆。该校认为在中国目前的教育体系中,学生从高中开始文理分科,学生的全面素质和创新能力受到影响与限制。就高等教育而言,大部分工科院校在传统的"重工轻文"教育思想的影响下,重视技术教育,忽视文化教育,这一点在工程类高等院校中尤为突出。黑龙江工程学院在工程教育的实践中深深意识到工程文化教育的重要性,所以自2000年合校升本以来就开始了这方面的思考,并试图探索一条适合对工科学生进行工程文化教育的模式。传统思路下的人文教育,通常是增加文化类课程,希望通过课堂传授的模式,提升学生的文化素养。这样的模式虽简单易行,但实际收效并不大。建设工程文化博物馆是希望博物馆展览的非正式教育能够与课堂教育相互配合。但在展览建设的初期,我们就认识到一个问题,学校本身没有总结出工程文化的概念。这让展览在一开始设定传播目的时就面临着巨大的挑战。在策展团队看来,虽然不同的人对于工程文化会有不同的理解,但它同样符合科学文化的四个层次结构,其制度与价值观层面,代表了工程制度建设以及工程师的态度、责任与理想。策划设计这个展览的过程一方面是深入了解工程文化是什么的机会,同时也是科学文化中制度与价值观的层面在博物馆用展览语言表达的一次尝试。

二、情节化——科学文化的叙事策略

在历史文化的展览中,对于某种人文精神或哲学思想的表达,虽然困难,但可以用叙事,即讲故事的方式来表达文化的内在层次。叙事的方式在社会学科叙事转向的浪潮中,广受博物馆的重视。[①]其原因主要在于,听故事是观众接收信息的一种近乎本能的方式。布雷蒙德对叙事成立的要求,包含了一个内隐的或外显的最终评价。[②]从博物馆的角度来看,通过叙事,将人物、事件、展品捏合在一个故事里进行展示,让文化内核的意义能够在故事中自动浮现,避免了过于直白和教条化的展示方式。

---

① 许捷:《叙事展览的结构与建构研究》,浙江大学博士学位论文,2018年,第34-37、108页。
② C. Bremond. "La logique des possibles narratifs". *Communications*,No.8,1966,pp.66-82.

（一）展览结构的情节化

博物馆讲故事，可以通过建构叙事展览的方式，即让整个展览的结构逻辑按照故事线发展的方向组织。这种在展览结构层面讲故事的方式，对于历史类或单一事件主题的展览能够有比较好的效果，但其要求顶层框架用时间线索架构，展览内容具有逻辑上的一致性。工程文化博物馆的主要展示内容由黑龙江工程学院的四大支柱专业——机械、汽车、测绘、路桥——构成，这个限定前提让展览没有机会以叙事展览的方法建构。张婉真在《当代博物馆展览的叙事转向》一书中认为，叙事学本身对叙事的成立有诸多要求与限制，但在博物馆展览中的内容，缺少一些符合叙事成立的条件，但依旧具备故事性，她把这类内容，称为展览的叙事要素。[①]虽然展览整体结构上无法构成叙事，但策展团队仍然用了情节化的方式，把四个专业通过一条松散的逻辑线索串联在一起，避免四个内容平行的分类结构强化展览的工程技术意味。

人类形成后，不再像他们的动物祖先那样通过改变自身的行为来适应自然，而是通过改变环境使之符合自己生存的要求。这个改变环境的工作就是工程。从这个意义上说，工程建设反映了人类生存方式最本质的特征。所以工程文化的故事从工程之母——机械——开始。机电一体化是现代机械工程的发展趋势，数字化、智能化让机械制造更加精密，机械也不再冰冷无情，它与生命结合在一起，也关注着产品的环保问题。汽车是典型的机电一体化产品，机械工程对精密、高效、智能、环保、以人为本的追求，在汽车中得到了充分的体现。汽车交付到驾驶者手中之后需要在平坦通畅的道路上行驶，但是在建造道路之前，需要进行测绘工作。在道路的通车典礼上，我们往往看不到测绘人的身影，他们是一群默默奉献的幕后英雄。测绘工作完成之后，人们开始修建道路。土路、罗马大道、马路、高速公路这四组道路以及路上行人状态的变化，揭示了道路的发展其实反映了人类文明的先进程度。

这并不能说是一个故事，而仅是几个弱连接的情节，展览整体的情节化并没为阐释科学文化提供太大的直接帮助，但是这种弱连接把四个单元的内容有机地结合了起来，为展览在局部进行叙事提供了基础。

---

① 张婉真：《当代博物馆展览的叙事转向》，远流出版公司，2014年，第98页。

（二）展览内容的情节化

博物馆的展览是一种多层嵌套的叙事结构①，展览虽然不能在整体结构层面形成叙事，但可以在一些展览的局部中讲述小故事，工程文化博物馆的四个单元，都用了讲述一小段相关技术史的方式来开头。而这些故事在讲述时的重点选择，决定了展览是在重点传播科学文化四个层次的外层还是内核。在机械工程技术史的展示中，展览抓住了从畜力到化石燃料再到电力的动力来源变化，突出了工程师对机械动力效率和精准控制的追求。汽车的技术发展史强调了后视镜、安全带等汽车安全与人体工程设计出现的节点。测绘的历史突出了人类对自己所处空间不断加强准确认识及其对未知空间的探索，虽然测绘仪器越来越先进，但测绘人作为工程先驱在野外工作的辛苦状态依旧如初。路桥工程则表现了从土路到公路的变化中，人们日益改善的交通体验。

这种对于科学文化内核的展示与对技术、物质层面等外层的展示并不相冲突。例如，路桥工程部分在按时间展示四种道路对行人出行方式影响的同时，也展示了四种道路的剖面结构，以阐释道路建造的技术进步。如果用科学文化的四个层次进行比照，可以发现，剖面模型这样的单体很容易表达物质和行为层面的信息，而制度层面由于展览的信息重点选择未进行表达，价值观则需要借助一组展品的整体叙述，观众通过对比后才能获得信息（表1）。如果单个展品或展项要通过讲故事的方式传达价值观或制度层面的信息，需要借用其他的叙事媒介，例如文字、视频。

表1 科学文化四个层面的展示手段

科学文化	展览内容	展示手段
物质	四种道路	剖面模型
行为	筑路的技术与过程	剖面模型
制度	未表现	未表现
价值观	对增强通行能力的追求、对行人的关怀	表现路上行人状态的亚克力剪影、按时间先后呈现的整体叙事

① 许捷：《叙事展览的结构与建构研究》，浙江大学博士学位论文，2018年，第34-37、108页。

三、建立展品逻辑语境——展品展示的不同目的

前面对科学文化与展示手段的比照可以看到，物质和行为层面的信息比较容易通过实体展品来表达。实体展品可以是文物、标本等实物展品，也可以是模型、场景等辅助展品。实物进入博物馆成为展品的过程是一个"语境重构"（即脱离实物原使用状态的语境，构建展示环境下的新语境）的过程，因此展示手段的重要目标是重新赋予展品语境，阐释的深度和传播的效果往往取决于语境化的程度。把一件展品放置在四面可看的独立玻璃展柜中，固然可以给观众提供更多的展品观察面，却把阐释的深度牢牢限定在文化的物质层面；而把展品置入使用语境或生产语境这样的原生语境中，则可以让观众比较容易理解展览想要传达的信息。除了原生语境的植入，展览还可以通过建构展品的逻辑语境，通过并置对比或重构的方式来传达展品原生信息以外的信息。

（一）并置对比

在展览策划早期与学校专业老师的交流中，老师们表示：与世界优秀大学的学生相比，黑龙江工程学院的毕业生在人文关怀、文化素养和审美能力方面存在着缺陷。大量工程事故的统计分析表明，导致事故和工程失败的不仅仅是工程技术问题，许多是与工程文化的缺失有关。

抓住欠缺工程文化可能导致工程事故的这个关键点，策展团队开始思考通过什么样的方式可以表达工程文化和工程质量之间的关系。单件的展品显然难以体现一个工程的整体质量，个案的故事讲述也不足以让观众意识到其中的关键。最终的设计方案是在展览的一头一尾通过展品的并置对比，形成意涵上的呼应：展览开头提出问题，展览结尾再次强调差异。

在展览的开篇，伟大的工程与失败的工程矗立在参观通道的两边。一侧是人类文明史上的工程奇迹：罗马斗兽场、迪拜帆船酒店、跨海大桥、磁悬浮列车、胡佛大坝等。另一侧则是高速列车发生碰撞后的惨烈现场。鲜明的对比让观众产生了强烈的视觉冲击，也让观众在内心产生一个疑问：为什么同样是人类建造的工程，有些屹立千年，到今天看来都可以认为是工程史上的奇迹，而在技术已经高度发达的今天，有些却依然可能造成惨烈的事故？这当中差异的是什么？这个答案

正是展览希望观众在参观过程中去寻找的——工程文化。

在展览的结尾,同样进行了失败和伟大的工程的并置对比。一边是屹立了1400多年的中国古老的赵州桥,而另一边则是还没有建成就坍塌了两次的加拿大魁北克大桥,工程师对质量问题的忽视和盲目的自信酿成了惨剧,但同时也给后世的工程人留下了深刻的教训。这次对比强化了观众的以下认知:魁北克大桥的建造技术,现在肯定是远远超越了千年前的赵州桥,但技术的进步,未必能成就质量优秀的工程。展览现场复原了魁北克大桥坍塌的局部画面,钢材扭曲在一起,令人触目惊心。然而工程规范和质量监督体系的建立,正是源于这一次次教训。

一头一尾的两次并置对比,都以辅助展品为主,仅在第二次并置对比中,为了展示目前造桥技术的发展,向哈尔滨当地斜拉索大桥的建造单位征集了一小段斜拉索材料作为展品。两次对比的目的都不是直接告诉观众答案,而是引起观众的思考。这种通过赋予展品逻辑语境而不是原生语境的展示手段,重点不是在于告诉观众这些展品原本各自的故事与信息,而是把其中可以用展览表达的科学文化内核的部分抽取出来,以视觉化的信息集群的方式向观众传达信息。

(二) 按展示目的重构语境

将汽车拆解后按"爆炸图"的方式摆放,在科技类展览中是很常见的,拆解后重新根据需要摆放的汽车部件可以认为是一种重构语境的方式。但在大部分的汽车重构展示中,传达汽车有大量的部件以及视觉效果上的追求可能是展览设计中主要考虑的因素。工程文化博物馆里也有一个汽车拆解的展项,但其重构语境并不是以审美为导向的,而是主要源于展览的教学要求。

在展览设计的过程中,黑龙江汽车工程学院的教师提出,将车辆直接陈列在展厅中是对教学资源的巨大浪费。他们希望在展览建成、开放后,部分课程可以在展厅中利用这些展品作为教具。所以,汽车在实施拆解的时候,由老师提出教学目标,例如让学生了解汽车的四大件(车身、发动机、变速箱、底盘)的构成以及互相之间的关系、电气系统与车载空调系统的运作方式、发动机和变速箱的内部结构。老师邀请已经毕业且获得钣金比赛大奖的学生回校,共同参与车辆的拆解和重新吊装过程。重构后的汽车在视觉效果上可能并不是最佳的,但作为高校博物馆,展览作为课堂延伸的目标被放在展品重构语境的首位。同时,策展团队也向讲课教师和展览讲解员提出要求，希望他们在授课与引导观众的时候，能够适当提醒：在展厅中展示的是被拆解开的教学用车辆，它的所有部件都没有缺失，部分电器部件还能运转；一辆能够在路上行驶的汽车需要这些部件协同运作，少了谁都不行；工程文化中的团队协作，可以产生部分之和大于整体的效果。

四、不同层次的参与——观展过程中价值观的自我建构

（一）在参观中追寻答案

展览是一种复合传播媒介，文字、音视频、造型物、展品在展厅空间中共同作用，发挥自己的传播效应。尽管在展览的设计中，我们强调视觉化、图形化、空间化的呈现，但在展览的不同层级，用文字传播信息仍然是展览必不可少的表达方式。文字和图形互相配合的表达，在图板和器物说明牌上，能够以最小成本消减图像中潜在的信息不确定性。

工程文化博物馆展览除了在单元、小节、信息点、展品说明等不同层级的图板中使用文字外，还设计了一套独立的提问与提示系统（表2）。

表2　部分展览中的标语

展示内容或位置	文字信息
展览入口展示伟大与失败工程的空间地面	伟大与失败
从简单工具到简单机械的系列小雕塑	人和动物的本质区别是什么？
不同机械工程类别与人类社会的关系	我们生活在一个机械构筑的世界
汽车的发明	汽车改变了人类的出行方式和活动半径
道路建造技术的演变	道路的演进折射了文明的先进程度
赵州桥与魁北克大桥对比	一个工程的成功关键仅仅是技术吗？
展厅结束处	你想成为一个什么样的工程师？

这些独立于展览图板系统之外的提示语或提问文字，以远远大于展板文字的尺寸出现在相应展区的墙面和地面，让观众很容易就能够发现。展览入口通过并置对比提出的问题，不能保证观众在观展的过程中能够持续寻找答案。这些提问与提示的标语，以完全异质化的方式出现在展厅的不同区域，与展览的图板系统有显著的差异，却可以起到时不时提醒观众继续探寻工程文化的效果，也给了讲

解员在引导观众观展过程中与观众对话、深入讲解工程小故事的话题。

这套标语系统，与一些展览中会看到的宣传口号类标语完全不同。我们通过在展览中设置提示性标语，引导观众去寻找答案或信息的过程被称为"答案的自我追寻"。宣传口号类标语，就是我们称之为说教式传播的方式，不论是课堂教学还是展览传播中都容易引起信息接收者的反感，这正是本展览需要极力避免的。让观众自己得出结论，效果往往要好于直接向观众灌输。展览在策划与设计时，始终希望观众可以在观展过程中总结出属于自己的工程文化是什么的答案，这就像对于文化的定义一样，并没有标准答案。即便通过展览评估，也没有办法测量观众是否找到了答案，或者改变了他的行为轨迹。但这个自我寻求答案的过程，是观众参与展览的一种形式，如果可以内化为观众的自我认同，就已经在很大程度上实现了展览的目的。

（二）让展览成为职业素质教育活动的空间

通过展览阐释传播科学文化的内核，是工程文化博物馆展览策划与设计的核心目标，但必须认识到这种尝试的效果在展览建设时很难预期。但是一个高校博物馆与职业素质教育活动相结合，给了博物馆一个新的机会：通过仪式化的活动来加强价值观的建构。

策展团队向学校提供了教育活动的建议：首先，当新生入学时，在始业教育中安排博物馆的参观，这一次参观过程，学生的观展状态可能和大部分的普通观众一样；其次，在大学学习期间，请老师安排可以在展厅内进行的课堂教学内容，同时也鼓励学生以志愿者的形式报名成为展览的讲解员；最后，也是我们最为重视的一个活动，是希望工程类学生在毕业时重新回到展厅，回顾魁北克大桥的悲剧，并在大桥坍塌的场景前，参加"工程师召唤仪式"，让工程惨案的训诫成为工程师生涯开端深刻的印记。展览在设计时特意在相应的位置留出了举行大型仪式的场地空间，同时再一次使用了标语系统，在现场象征他参加"工程师召唤仪式"的白色人形上印下部分誓词，例如："为全人类服务是工程师的天职"；"为了公共利益，工程师应当毫无保留地奉献知识和技能"；"在一切工程实践中坚持严格的标准"；"工程师应当最大限度地减少资源浪费或污染，为人类的可持续发展做出贡献"；"鼓励和关怀青年工程师，他们是我们的未来"；等等。

为了让"工程师召唤仪式"能够成为长期的项目，策展团队还建议学校能够录下每一次的仪式过程，让学生回答自己希望成为一名怎样的工程师，作为影像素材的积累，让这个仪式的过程同样也能被其他观众看到。然而，由于资金、执行难度等各方面的原因，这个原本计划在开馆后持续实施的计划并没有实现。

五、结语

在工程文化博物馆对于科学文化表达的策展实践结束后，笔者心里一直很遗憾，即便在展览开幕后依旧无法准确回答工程文化到底是什么。是对效率、精密度的追求吗？是吃苦耐劳、兢兢业业的态度吗？是乐于奉献、为用户着想的理念吗？是甘于寂寞、坚定执着的匠人精神吗？这些答案可能都是，但绝不是工程文化的全部。在展览开幕后，一个参加志愿讲解的学生告诉笔者，他们从来没有为自己的专业感到那么骄傲过。这可能是一个侧面的答案。

展览在科学文化传播过程中的核心作用，其实是在观众的心里种下一颗种子。我们无法预估这颗种子是否会发芽生长，也可能永远无法知道这颗种子结出了什么样的果实。也许观众或学生观展后在工程岗位上表现得兢兢业业，但他们可能根本没有意识到，工程文化博物馆的展览在这当中起到了一定的作用。这是博物馆文化传播与知识传播很大的区别：知识传播的效果可以测量，而文化传播却很困难。

在工程文化博物馆中尝试的情节化、建构展品逻辑语境以及不同层次的参与三种方式，是根据文化层次的结构结合传播目的形成的方法，仅能给其他的科技类展览提供参考。科技类展览一方面仍旧需要起到科普的基本职能，不断发展的展示技术为科学知识的传播提供了新的可能性，另一方面也可以在表达了科学文化外层结构的基础上，进一步探索内核的表达方式。这个探索过程本身，就非常符合科学文化的要求。

战争纪念馆的记忆重构模式初探

胡凯云

20世纪晚期以来,越来越多不同领域的学者开始关注记忆在当代社会中的重要性,掀起了一股"记忆热潮"(memory boom)①。相关讨论主要围绕着20世纪的创伤性历史展开,尤为关注战争与冲突事件的记忆重塑,探讨其本质、意义和伦理问题。群体对此类事件的记忆方式不止一种,会受不同的身份认同和社会背景的影响,其在纪念馆等公共教育媒介中的表达也会因此有所不同。对各类战争纪念馆的展览进行梳理能够发现,它们就像是"记忆热潮"的另一种辩论地,不同展览暗含着不同流派的"声音",塑造出迥异的记忆空间,显示出不同的对待战争和冲突的观点。相比学术著作、电影抑或是文学作品,博物馆有着更强的公信力和影响力,因此,有必要对其中的展示观念进行梳理和剖析,反思博物馆在当代战争记忆重塑和传播中的角色与作用。本文以战争纪念馆的展览为研究对象,将其中的记忆重构模式分为三种——民族主义模式、世界主义模式和对话模式,从对冲突本质的理解、展示叙述形式和社会影响几方面进行对比分析。

一、民族主义模式

民族主义的记忆模式中蕴含着较为强烈的民族情感,能够唤起集体认同和民族精神。它将战争与冲突的本质定义为正义和邪恶的较量,同时对于"我们"与"他者"有着较为清晰的划分,通常将"我们等于正义,他们等于邪恶"②。此种记忆

---

① A. Huyssen. *Present Pasts*: *Urban Palimpsests and the Politics of Memory*, Stanford University Press, 2003; J. Winter. "Notes on the Memory Boom". *Memory*, *Trauma and World Politics*, Palgrave Macmillan, 2006, pp.54-73; D. W. Blight. "The Memory Boom: Why And Why Not?". *Memory in Mind and Culture*, Cambridge University Press, 2009, pp. 238-251.

② A. C. Bull and H. L. Hansen. "On Agonistic Memory". *Memory Studies*, No.4, 2016, pp. 390-404.

模式在纪念馆中的表征往往是用较宏观的英雄主义叙事强调某一群体昔日的辉煌荣耀，一些设立较早的战争纪念馆多会蕴含此种思维，比如始建于1882年的日本靖国神社游就馆、1905年建立的巴黎军事博物馆、1917年成立的英国伦敦帝国战争博物馆、1959年筹建的中国人民革命军事博物馆等。其论述核心在于颂扬本国军事力量和民族气节，而叙述方式也常常是主观性较强的定论型叙述，下文以靖国神社的游就馆为案例进行分析。

靖国神社供奉着自1853年以来在战争中丧生的约250万名日本士兵，而游就馆是其中的一部分，位于神社的东北角。其设立之初的构想是成为"一个尊重靖国神社供奉的神灵并展示古代武器和盔甲的设施"①，这个目的直到2002年博物馆进行全面翻新之后依旧保持不变。游就馆最新的导览手册上写道：

> 博物馆中展示的内容都承载着前辈的希望，充满着神社供奉的为了建设"和平国家"而捐躯的亡灵的赤诚之心。通过直接接触这些为了祖国、家园和亲人牺牲宝贵生命的勇士的故事，你也许能发现一些无比珍贵的东西。②

展览对于战争的回溯也紧紧围绕着上述目标，体现出典型的民族主义记忆模式特征。游就馆的常设展一共可分为四块区域：序言区、浩然正气展区、大展厅和近代史区。序言区主要展示和歌、刀剑和盔甲，以此传递日本从古至今的"武士精神"；浩然正气展区通过照片和文字资料表现勇士们的成就与气节；大展厅内则主要展出了能够显示国力和战争荣耀的军事武器。在所有展区中面积最大的是近代史区，讲述了从明治维新到大东亚战争之间的日本战争历史。该展区"通过各类纪念物呈现战争中阵亡的英雄们的高尚情操"③，提到了侵华战争，也提到了南京大屠杀事件（展览中称为南京行动），其中一个展板这样解释此次事件——"南京行动的目的是包围首都，从而阻止中国人对日本发动战争。南京国防军总司令唐生智无视日本的警告，打开了南京城的大门。他命令军队誓死保卫南京，自己却逃走了。因此，当战争开始时，没有领袖的中国军队要么撤离，要么投降。12

---

① http://www.yasukuni.or.jp/english/yushukan/index.html.

② http://www.yasukuni.or.jp/assets/pdf/english/yusyukan/yushukan_pamphlet_en.pdf.

③ 同②。

月13日,南京被攻陷。"①显然,展板中的措辞经过了精心设计,对日军在南京造成的残酷后果避而不谈,并暗示其所有行动都具有充分理由。

正如韩国学者李周永所认为的,游就馆的展览"将战争视为迈向和平的一步,由此产生了这样一种观点,即日本发起的战争是有益于其他亚洲国家的,在战争中牺牲的宝贵生命以英勇的方式保护国家乃至全亚洲"②。这种具有强烈自我意识的展示叙述美化了日本的战争行为,这对于本国民众来说似乎是振奋人心的,尤其是没有亲历过战争的年轻一代,他们对于战争的了解多来源于二手媒介,而诸如游就馆这样的公众教育机构能够对其产生较大的影响,激发他们的爱国热情,培养爱国情操。但是对于其他立场的观众,尤其是曾经在相关战争中站在对立面的群体,易由此产生强烈的抵触情绪,从而固化民族仇恨。山根和代曾调查过游就馆的观众留言,他发现了这样的一段互动对话:

> 一位15岁的非日本人说:"南京大屠杀真的发生了! 日本在说谎,它应该反思战争。打倒日本帝国主义!"
>
> 另一个匿名的观众在下面评论道:"你是中国人吗? 你,中国人,被中国政府洗脑了。醒醒! 中国和韩国越是对过去大惊小怪,美国和欧洲就越高兴。试着更开放地看待世界吧,中国人!"③

可见,民族主义模式的展示具有明显的优点,即能够增强群体内部的凝聚力,提升民族自豪感。但也存在着明显的缺陷——易陷入二元对立视角,激发仇外情绪,存在激化不同立场团体之间的矛盾的可能。利维和施奈德将民族主义记忆模式形容为嵌入到"民族国家的容器"中的"集体记忆",并认为"这个容器正处于缓慢破裂的过程当中"④,取而代之的是跨越了种族和国家领土边界的世界主义模式。

---

① K. Yamane. "Moving Beyond the War Memorial Museum". *Peace Forum—Peace Now and Then*, Vol.34, 2009, pp.75-84.

② J. Lee. "Yasukuni and Hiroshima in Clash? War and Peace Museums in Contemporary Japan". *Pacific Focus*, No.1, 2018, pp. 5-33.

③ K. Yamane. "Moving Beyond the War Memorial Museum". *Peace Forum—Peace Now and Then*, Vol.34, 2009, pp. 75-84.

④ D. Levy and N. Sznaider. "Memory Unbound: The Holocaust and the Formation of Cosmopolitan Memory". *European Journal of Social Theory*, No.1, 2002, pp. 87-106.

二、世界主义模式

世界主义(cosmopolitanism)作为一种哲学概念早在古希腊就产生了,但作为政治意识形态在20世纪80年代左右开始兴起。世界主义提倡超越民族主义的边界,关注"普世价值观",其核心理念是:"每个人,不管他具有什么公民身份,属于什么国家或民族,在道德上他都应当得到平等的关注,并充分享有作为人的基本尊严。"①而具体到战争记忆领域,世界主义模式往往不执着于解释双方或者多方之间的具体矛盾,而是以人类共享道德为基础,将暴力事件中的冲突进行抽象化的提取。虽然在这种记忆模式中,战争依旧是"善"与"恶"的斗争,但是产生对立的不是某些具体的群体,而是道德范畴中的抽象对象。

世界主义记忆模式的出现以1978年美国拍摄的电视连续剧《大屠杀》(Holocaust)为标志。电视媒介的广泛性使得犹太大屠杀超越了事件本身,上升到了世界性记忆的层面——过去它发生在犹太人身上,未来它可能发生在任何一个人类群体之中。此后,世界主义思维模式在展览、新闻媒体、电影电视等各类公共媒介叙事中都有所体现,也影响到了博物馆领域。20世纪90年代,西方建造的一大批博物馆都以此作为思想根基,其特征在于侧重受害者的痛苦经历,期望引起观众的怜悯和共情,进而抵制战争,展望未来的美好与和平。1993年开馆的美国大屠杀纪念馆就是典型之一。美国既不是大屠杀的主要受害国也不是肇事者,更像是一个旁观者,站在此立场上所设立的大屠杀纪念馆通过提取"普世价值"的方式将大屠杀"美国化"。前馆长这样描述纪念馆的叙述方式:"以这种方式讲述大屠杀的故事,不仅能与纽约的幸存者、旧金山的孩子们产生共鸣,还能与亚特兰大的黑人领袖、中西部的农民、东北部的实业家产生共鸣。"②

此种故事的呈现方式淡化了某段特定暴力历史的语境,将其中的暴行视为全人类都可能面对的普遍的"恶",并进而总结出"普世真理"。这样的叙述能够避免激化冲突双方或者多方的矛盾,因为它抽象化了冲突的对象,并且其关注的重点不在于追究责任,也不在于详尽地阐明事件发生的前因后果,而是更为关注受害

---

① 徐向东编:《全球正义》,浙江大学出版社,2011年,第23页。

② M. Berenbaum. *After Tragedy and Triumph*: *Essays in Modern Jewish Thought and the American Experience*, Cambridge University Press, 1990, p.20.

者的经历以及对未来的憧憬。但是,这种模式也可能会被利用——在冲突中需要承担(部分或者大部分)责任的群体可能会以避重就轻的展示呈现方式去规避罪责问题,比如日本的广岛和平纪念资料馆。

广岛和平纪念资料馆初建于1955年,后经过了几次扩建与改造。在1994年实施改造之前,广岛和平纪念资料馆只有一个呈现核爆受害者们悲惨经历的展厅,而在改造之后,增加了一个讲述广岛军事历史的展厅。但是在改造前后,广岛和平纪念资料馆都采取了完全的受害者视角,其中的宣言写道:"一枚原子弹不分青红皂白地炸死了数万人,极大地扰乱和改变了幸存者的生活。广岛和平资料馆通过遇难者的遗物、被炸毁的文物、幸存者的证词和相关材料,向世界传递核武器的恐怖和惨无人道,希望不会再有'第二个广岛'。"①展厅中运用了大量受害者的照片、私人物件等资料,控诉战争带给人们的毁灭性后果。在此,核武器和战争是展览的抨击对象,是全人类的邪恶对手。然而,核爆事件发生的根源及其对当时全球战争形势的影响在展览的叙述中却是缺位的,这容易导致观众理解的片面性,世界主义模式的弊端由此显现。

相较于民族主义模式,世界主义模式模糊了"我们"和"他者"之间的差异,规避了民族主义可能激化的矛盾。但是,它的问题在于仅仅关注受害者,而忽略了事件产生的语境——"世界主义的最终落脚点是个人,而不管这些人是属于哪一个种族、文化社团、宗教群体或者民族国家,对于这些承载着一个人的社会角色的东西,世界主义一律采取'匿名性'假设。"②但是事实上,每一段历史都离不开语境,都有其特定背景,无法笼统地用放诸四海皆准的"善"与"恶"去概括。同样,克里斯蒂安·塞塞尔也认为:"世界记忆强调民族主义仇恨的无用和荒谬,但它也并没有阐明为何会产生仇恨……因此,世界主义博物馆可能会产生一种去政治化的、贫瘠的和平主义话语。"③世界主义模式的展示简化了复杂的战争问题,剔除了社会语境和身份认同差异,编织出看似和谐的道德故事,这对于化解社会冲突很难起到实质性的作用。只有对暴力事件背后的深刻根源进行挖掘,进而产生批判

①　http://www.hpmmuseum.jp/?lang=eng.
②　艾四林、曲伟杰:《民族国家是否已经过时——对全球正义的一种批判性考察》,《清华大学学报(哲学社会科学版)》2012年第2期。
③　C. Cercel. "The Military History Museum in Dresden: Between Forum and Temple". *History & Memory*,No.1,2018,pp.3-39.

性的理解之后,才有可能在未来进行防范。正如茨维坦·托多罗夫所说,所有人都有"平等的善与恶的潜力",有必要关注的是"产生恶的机制"。①因此,本文在布尔和汉森、塞塞尔等人的基础上,提出第三种纪念馆记忆模式——对话模式。

三、对话模式

世界主义记忆模式模糊了社会差异,尝试将冲突的原因描绘成统一的肖像,这引起了一些学者的疑虑。政治哲学家尚塔尔·穆菲和厄尼斯特·拉克劳都认为世界主义忽视了社会冲突的本质,即社会中必定存在不可调和的立场,而这些差异性反而是社区正常运作的必要条件。②换句话说,正是"自我"和"他者"的区别意识形成了文化认同,因此,社群之间所潜在的对抗性情绪是无可避免的,与身份认同密切相关的战争记忆更是如此。战争事件中必定存在不同的身份认同,不同社群会对同一事件产生不同的观点,很难断定受害者视角中的战争就是事件的全貌。伯恩哈德·吉森在对集体记忆进行讨论时提出:"正义与非正义、善与恶之间的界限是脆弱与易变的。"③因此,简单的善恶道德判断并不能够全面地描述战争的形成原因和影响。正如布尔和汉森所认为的,战争记忆应具有"竞争性",除了受害者之外,应该通过多方的证词来回溯过去。④这种描述和米哈伊尔·巴赫金、保罗·弗莱雷、戴维·伯姆等人的对话观念有类似之处。对话"不认为存在永恒不变的'绝对真理',而是认为每种理解都受到社会文化和时代的局限,都具有不断发展的可能性"⑤。在此思维根基上塑造的战争记忆正视团体之间的矛盾,承认民族情感和记忆中的主观因素,也关注事件发生的特定历史语境。在展览中,它表现为将事件的历史脉络尽可能进行深度呈现,同时也将受害者、肇事者等不同立场的观点呈现给观众,促进自反性的思考,在怜悯、感动之余,探究"恶"缘何而产生。

---

① T. Todorov. "Memory as a Remedy for Evil". *Journal of International Criminal tice*, No.3, 2009, pp. 447-462.

② E. Laclau and C. Mouffe. *Hegemony and Socialist Strategy*: *Towards a Radical Democratic Politics*, Verso Books, 1985.

③ B. Giesen. *Triumph and Trauma*, Paradigm Publishers, 2004, p. 63.

④ A. C. Bull and H. L. Hansen. "On Agonistic Memory". *Memory Studies*, No.4, 2016, pp. 390-404.

⑤ 胡凯云:《对话在博物馆展览中的意义及运用研究》,浙江大学博士学位论文, 2017年。

完全的对话模式是一种理想状态下的模式,战争纪念馆中记忆的呈现会受到多方面的限制,因此案例较少,但也有一些正在朝着这一方向转变的博物馆,美国的俄克拉荷马市国家纪念馆就是一个正在从典型的世界主义模式朝着对话模式发展的案例。该馆是为了铭记1995年4月19日上午9时2分在俄克拉荷马市发生的恐怖爆炸袭击事件而建立的。此次事件造成168人死亡,超过800人受伤,肇事者是美国人蒂莫西·麦克维和特里·尼科尔斯。

展览分为十个部分,按照时间顺序带给观众沉浸式的体验——从1995年4月19日上午9时开始,到9时2分爆炸发生,到接下来的混乱、救援乃至几个月甚至几年之后的案件调查和灾后重建。和许多其他的战争纪念馆一样,俄克拉荷马市国家纪念馆也运用了许多受害者的私人物品以激发与观众的情感联结,但它有意识地避免使用爆炸现场触目惊心的视觉图像和过度的悲伤渲染,转而采用象征性的方式去代表牺牲,比如暗示着牺牲者的空椅子(图1)。整个展览的重心放在灾难事件之后的重建与恢复,以及其中表现出来的团结与奉献精神。

图1　俄克拉荷马市国家纪念馆雕塑
(来源:俄克拉荷马市国家纪念馆网站)

这与纪念馆的自我定位有关,在筹备之初,俄克拉荷马市市长罗恩·诺里克组织了一个350人的志愿者工作组,负责纪念馆的建立。工作组包括11个下属委员会,每个委员会负责纪念馆筹备的不同部分,其中,遇难家庭和幸存者联络委员会和纪念馆意见收集委员会花了8个月的时间收集了美国乃至世界各地遇难者、幸存者及其家庭成员对于爆炸纪念馆应当实现什么样的目标的意见,最终形成了一份"使命宣言"。这份文件明确了七个主题,以此描述该馆的目标。这七个主题分别是:纪念(remembrance)、和平(peace)、精神和希望(spirituality and hope)、关爱孩童(cherished children)、慰藉(comfort)、认可(recognition)和学习(learning)。该馆希望带给观众"一个安静、和平的环境,让游客有机会反思……帮助孩子们学习在成长过程中有用的东西,并向他们保证,这个世界的善远大于恶……"①

　　从陈述中可以看出,纪念馆希望观众铭记爆炸事件带给人们的伤害,但却不希望人们陷入仇恨的过去,而是致力于推动人们朝着治愈、和平和希望的方向前进。这种对于"普世价值"的强调符合世界主义的思维模式,而展览也体现出了这点——展览的叙述淡化了肇事者的形象,更关注受害者和灾难后的重建,但该馆也因此受到了批判。保罗·威廉姆斯认为在这个纪念馆中,暴力的本质被高度抽象化了——"令人惊讶的是,在博物馆中,很少能看到与蒂莫西·麦克维和特里·尼科尔斯相关的内容。麦克维的照片只出现了一次……对于制造爆炸的动机,谁该为此负责,以及来自本国内部的恐怖袭击的历史,这些内容几乎都没有触及。"②同时,也有观众评论提到:"展览没有试图帮助游客了解事件或进行治愈,也没有将此次事件与其他国内的恐怖主义事件联系起来,这令人感到遗憾。"③事实上,该馆为了保持展览主叙述中正面积极的态度,缩减了肇事者的内容,将关于麦克维和尼科尔斯的描述单独放置在一个小房间中,虽然如此,展览对于制造爆炸的动机和与之相关的深入背景是缺乏介绍的。

　　俄克拉荷马市爆炸案发生的日子1995年4月19日,恰好是"韦科围城事件"(Waco Siege)发生的2周年纪念日,尽管展览中提到了麦克维特意选在这个日子展开行动,但是却没有具体解释"韦科围城事件"的经过以及随之而来的社会政治影响。美国联邦执法人员在1993年2月对极端教派"大卫教"(Branch Davidians)设立在得克萨斯州韦科的基地进行围剿,但这场对峙却僵持不下,一直持续到了同年的4月19日,联邦执法人员为了尽快结束对峙而对大卫教的基地天启牧场发动了猛烈的攻击,造成了76人死亡(其中还包括妇女、儿童以及孕妇)。此事引发

① https://oklahomacitynationalmemorial.org/about/mission-statement/.
② P. Williams. *Memorial Museums: The Global Rush To Commemorate Atrocities*, Berg Editorial Office, 2007, p.135.
③ https://www.tripadvisor.cn/ShowUserReviews-g51560-d271178-r626864168-Oklahoma_City_National_Memorial_Museum-Oklahoma_City_Oklahoma.html#REVIEWS.

了全国范围内的激烈讨论,部分媒体和民众认为政府对此事的行为有过当之嫌,也因此引发了一些激进的政府挑衅运动。劳拉·阿拉达在展览评论中提到,她认为这些事情的发生为爆炸案主犯麦克维对美国政府的愤怒提供了重要的背景,也能够从某种程度上解释为何美国人会对自己的国家展开恐怖袭击——"麦克维是在对一种预感到的危险感做出反应,他的观点可怖地极端,但他绝不是孤单一人。"①这些与爆炸案相关的事件在展览中没有提及,因此,观众若想要理解犯罪者的深层动机,那么在该馆中很难找到渠道。

而该馆也为此做出了一些改进,2015年,该馆增加了大量与捕捉、审判肇事者有关的新展品,包括麦克维的笔记、运送炸弹的车子等,并将这些内容融入了主要的展览叙述中。至此,该馆较之前加入了更多关于肇事者的线索,对于肇事者的描绘也更为生动和具体,这说明该馆开始着手为观众深入理解爆炸事件搭建桥梁。

除此之外,一些新建的战争纪念馆也包含有对话思维,比如荷兰菲赫特集中营纪念馆等,但是总体来说,此类纪念馆依旧非常稀少。其原因除了公共机构背后复杂的运作机制之外,还因为对话式的战争记忆重构,需要引入不同立场的战争叙述,这本身就是一项困难的工作,其中隐含的危险在于,若安排不得当,会使"对话"变成混乱的"争论",乃至激化矛盾,引起抗争。因此,如何选用合适的展示策略,去呈现动态、复杂的战争记忆,依旧是一项挑战。

四、结论

从对话的角度来看,上述的三种展示纪念模式,并非互相排斥,而是各有利弊(表1)。

表1　三种记忆模式的特征

记忆模式	特征		
	对冲突本质的定义	展示叙述形式	社会影响
民族主义模式	正义(我们)vs邪恶(他们)	宏观的英雄主义叙事,强调"我们"的英勇行为和"他们"的罪恶行径	优点:促进民族认同,激发爱国情绪
			缺点:易固化矛盾

---

① L. J. Arata. "Oklahoma City National Memorial and Museum". *Journal of American History*, No.3, 2015, pp. 806-812.

续表

记忆模式	特征		
	对冲突本质的定义	展示叙述形式	社会影响
世界主义模式	普世化的正义 vs 普世化的邪恶	淡化冲突的具体语境和主体,重点关注受害者的经历,激发共情、怜悯与对和平的向往	优点:淡化群体矛盾,易与观众产生情感联结
			缺点:简化战争问题,模糊冲突产生的根源
对话模式	社会中存在不同立场,因此冲突是社会的一部分。对冲突事件最大程度的理解需要了解具体的情境,倾听各方观点	重塑冲突的具体语境,呈现多角度观点	优点:呈现冲突事件的复杂性,促进自反性的思考
			缺点:若安排不得当,多元的观点易使观众感到迷惑

　　民族主义模式有着强烈的自我意识,往往将自身视为正义的一方,将冲突对面的群体视为邪恶的一方。此类展览习惯运用慷慨激昂的叙述以塑造宏伟的民族神话。民族主义的展示模式有其必要性,可以增强民族凝聚力,激发爱国主义热情,但是在化解冲突方面,它没有太大的作用。相较之下,世界主义模式则更为平和,它抽象化了冲突中的对立群体,将罪责归咎于人性中的"恶"。这在展览中的表现形式为模糊特定的历史语境,通过讲述受害者的故事激发观众的怜悯和对"恶"的抨击。这种展示方式能够避免矛盾,促使展览和不同背景的观众产生情感联结,但是,其对战争的理解有简化之嫌,也没有为观众理解"恶"为什么会产生提供足够线索。而对话模式认为邪恶的暴行与特殊的历史情境息息相关,你或者我在特定环境下都存在着变成肇事者的可能性。因此,对话模式的展示需要重建事件的发生背景,同时呈现包括受害者、肇事者、旁观者等不同群体的声音。此种做法并非期待人们从中筛选出最"正确"的观点,而是希望观众通过这些内容,试着思考战争与冲突的产生根源,以及在什么情况下,人类会做出可怖的行为。可见,上述每种模式都有其特定的作用和优缺点,选用何种模式取决于战争纪念馆的设立目的和具体的政治社会语境。本文进行简要分类梳理,以供日后的博物馆展示实践参考。

对谈 II

与谈人：严建强、陆建松、史吉祥、朱幼文、胡凯云、刘希言、李明倩、高玉娜

主持人(许捷)：我们现在谈到的叙事,跟博物馆结合的时候,会呈现非常多的现象。我们会看到有"讲好博物馆的故事""讲好文物背后的故事",也有"用博物馆来讲故事""用文物来讲故事",还有"博物馆的叙事"等等。那么,博物馆跟叙事或者展览之间是什么关系? 或者叙事理念在这里起到了什么样的作用? 我们先就这个最基本的话题来聊一聊。

陆建松：作为讲故事的人,我们其实扮演着神父、牧师或者传教士的角色。就像传教士要把《圣经》吃透才能讲好神的故事一样,作为策展人一定要把学术的东西吃透,才能讲好展览的故事。我自己的学生现在做项目,我就经常批评他们态度不够认真,整个学术资料没有吃透的话,你就讲不出来故事。举一个例子,2001—2003 年我在深圳博物馆做改革开放史的展览。深圳发展的每一阶段都伴随着企业改革和经济改革。如果在展览叙事中的每个标题都是"改革开放下的经济体制改革",观众就看不明白。所以我一直说,要"涵化学术资料",就是一定要把学术资料吃透,然后再把这个故事讲出来。比如刚才讲到深圳的企业改革,我做完以后,包括我们经济学院的一些教授都说,"陆老师,你比我们经济学者还懂中国企业改革是怎么过来的"。我讲这个例子是想说明,一定要好好吃透学术资料。如果不能吃透的话,故事讲出来就有问题。所以做策展人要有两个支撑,一个是学术研究成果,一个是对展品的熟悉,要把它们吃透,变成故事讲出来。

另外,对于策展人来说,阅历也非常重要。上海农垦 50 年的时候,让我做上海农垦博物馆。我种过田,砍过柴,所以我有感受,这种东西就能讲得出来。做一个展览,还有一个点很重要,就是视野。不管是做博物馆也好,做学问也好,一定要了解我们国家整个形势。2012 年 12 月 30 日,习近平主席第一次说文物故事活起来,讲好文物故事。此后讲过很多次,包括在首都博物馆,在联合国教科文组织,等等。在这样的大背景下,做任何一个展览,都要意识到我们虽然表达的都是过去,但是落脚点一定是在当代,一定要有当代意义。因为我们是社会主义特色

的博物馆，所以一定要有正能量，要把宏观背景以及价值观等融入策展里。对我们策展人来说，视野要开阔，知识面要广，要多看，还要关注社会问题，关注价值观的问题，所以我觉得这些都要打开视野，要关注整个领域的研究。

主持人(许捷)：陆老师刚刚讲到需要很深厚的阅历去做策展，然后我们要去弘扬正能量的东西。我很想听听年轻学者的想法，就是在我们没有这么多阅历，以及像凯云刚才讲的，不一定展示正能量的情况下，我们可不可以讲一点，比如在主流话语之外的故事，或者用别的什么方式来讲这些故事？

胡凯云：你的意思是除了正能量之外吗？

主持人(许捷)：我们听很多人在讲博物馆要讲正能量的东西，一般就是我们说的主流价值观的东西。我们可能缺少陆老师刚刚说的很深厚的经历，所以可能会讲一些不一样的故事，或者讲一些年轻人关注的故事，或者从我们的视角可以讲一些什么故事？

胡凯云：我从博士论文开始，做的都是关于对话的研究，因此我可能会关注除了一些灌输型的叙事之外，博物馆是否可以给大家提供一些线索，能让观众从中进行自己的思考。同时我也想说一个案例，这个案例可能跟叙事有关。就我对叙事浅薄的了解来说，很难界定一个展览是叙事型展览还是非叙事型展览，更确切的定义方式应该是展览的叙事性高还是低。我记得英国的海文格鲁画廊将两幅画并置在一起，其中一幅画描绘的可能是一个受到压迫的民族，旁边这幅画是这个民族在压迫别人。这样其实并不是一个完整的故事，但是观众可能在观看后构建出一个完整的故事，也就是说并置的两幅画具有一定的叙事性，所以我觉得用叙事性高低来界定可能会更合适。

主持人(许捷)：因为凯云的研究方向在"对话"，所以她会特别关注不同层面的对话。早上在听刘希言发言的时候，她一开始就明确说今天讲到的叙事并不是我们在博物馆里的叙事，而是来自美术馆视角的叙事。我也很想了解，美术馆视角下的叙事是一个什么样的概念。如果在美术馆讲故事，你觉得跟博物馆讲故事的区别在哪里？

刘希言：博物馆或者美术馆都习惯拿叙事来说展览，认为两者有很多相似之处，但事实上两者有很大的区别。叙事有时候更多应用于小说和电影，经常是一些虚构的东西，而展览面对的是活生生的对象，我们不是要讲一个虚构的故事，而是要还原历史，所以在我看来叙事只是展览的一个部分。展览涉及很多不同的研究,叫作"展示政治",展览也包含很多像性别、民族这些问题,这些其实都是展览关注的话题,叙事只是其中之一。但如果说到美术馆和博物馆在叙事上的区别,美术馆是没有长期陈列的,而不管对美术馆还是综合类博物馆来说,长期陈列是讲故事的一个基本载体,所以这是美术馆在讲故事时存在的一个缺失。就拿我们馆来说,可能感觉我们既能讲当代故事又能讲古代故事,还能讲近现代故事,但哪一个又是我们自己的故事呢? 没有。所以我们很羡慕综合类的博物馆,比如今天坐在我旁边的是中国地质大学博物馆的工作人员,他们可以讲述关于地质的故事,可以在这个基础上丰富藏品与内容,教育观众。我们现在还做不到这样,还需要向博物馆界学习。我们有这样的规划,但具体怎么实施,我也想借这个机会问问博物馆界的同仁,大家觉得中国的艺术博物馆如果要做一个能讲故事的展览,你们期待是讲什么样的故事? 艺术博物馆,从国际范围来看,是博物馆领域中非常大的一块,所以想听下各位老师的意见。

严建强: 我接着这个话题来讲,先解释下叙事。叙事其实在展览中是一个类型学的概念,尤其在自然博物馆中。早期的自然史都是博物学,只有到了化石被发现以及进化论的出现之后,时间的维度被引入博物馆,叙事实际上从那个时候开始。在那之前,人们没有意识到这是一个延续的过程,所以只是从类型学的角度来描述。19世纪中叶,德国的老美术馆建立的时候就已经明确了要用时间来构建展览的组织框架,把时间轴作为组织路径,这已经属于叙事的范畴了。叙事和分类要根据不同的题材来选择,比如生物多样性,肯定是用类型学来展开,但生命的演化一定是叙事型的,所以题材是选择的关键。我们最熟悉的叙事方式是用时间来串联,这也是我们最习惯的一种方式。此外,叙事还有一个优势,就是和因果关系有关。因果关系一定是原因在前,结果在后,所以时间顺序会比较易于呈现因果关系。总的来说,不管是从感性角度还是从理性逻辑关系来说,叙事都是一种很好的方法。

我是比较强调用逻辑的方式来做展览,但是观众可以用一个非逻辑的方式来看展览,可是如果我用非逻辑的方式来做展览,观众就失去了听一个具有逻辑关系的故事的机会。从这个角度来说,我比较认同用叙事的方式和时间逻辑的方法做展览,但是时间逻辑不只是简单线性表达,还可以采用并置的方式,比方刚才举的例子中五个故事各有自己的时间维度,也可以采用非线性叙事的方式。比如,最近策划的一个展览,我先把结果放出来,然后我再就结果进行提问,之后进入一个逻辑顺序的叙事。

但是博物馆里的叙事，一定要注意它是在空间形态下展开的，这和咱们平常阅读图书、观看电影等都不一样。策展人面对的一个很大的挑战是他对受众的控制力很弱，他是隐藏在展览幕后的。观众是一个拥有自由意志的行为主体，会被自己认为重要的和感兴趣的东西牵着走，所以他们会不会按照策展人设计的展线观展，这就是一个问题了。也是你的设想和观众的行为方式是不一致的，从这一点来讲"倒叙"或者像蒙太奇那样的意识流方式是不太适合博物馆的。所以博物馆的叙事相对电影而言要拘谨得多。第一，观众的受控性很弱；第二，观众是拥有自由意志的行为主体，因此在这种情况下我们的叙事逻辑还是相对要保守一点。同时我们要了解观众的行为特点和行为习惯，必须根据他们的行为方式来设置叙事线。当然，我非常认同博物馆叙事，这是一种很好的传播模式，但也是具有难度的传播模式。

还有一个问题，我们要讲一个什么样的故事？为什么必须是一个正能量的故事？我非常同意陆老师的观点。我认为博物馆是一个很自私的东西。它是我们人类的所有物，我们只能讨论人本主义和人道主义。人类作为一个物种长期存在，这就是我们的目标，这就是我们具有指向性的东西。如果你讲了一个真实的东西，它让我怀疑人生，怀疑人类，当然我并不是说这里面都是圣殿式的歌功颂德，这里面有曲折也有悲惨，但是它最后的终极指向一定是人类作为一个物种，能够在这个地球上更长期地生存。所以我一直在找这个不动心的东西，我认为这是最高的一重意境。为什么我在喧闹的泡沫中还能找到自己的方向？那就是我的最高指示。对于我来说，我要讲一个故事，就要服从这样一个律令，这样一个道德准则，否则我们博物馆人到底要给人们看什么东西？这是我的一个想法。

陆建松：很多人对叙事有一种误解，认为叙事就是一个时间线。不是的。我认为叙事更强调的是一个讲故事的逻辑结构。所谓叙事，在展览中可能指讲一段历史、一个人物、一种自然现象或者一个科学原理。举个例子，我们做一个关于"健康生活"的展览。你们会怎么做？大家可能觉得这个题目非常大，但是这个展览也是叙事型的。当我在展览空间里把它做出来，就涉及叙事结构问题。健康生活最重要的就是人的身体系统，包括血液循环系统、呼吸系统、消化系统等等，哪个系统出问题都不行，所以展厅中央就是人的系统和人健康之间的关系。除此以外，还有饮食与健康、运动与健康、心理与健康、环境与健康，这就是一个叙事结构。再讲一个自然类的案例。比如，太湖的展览怎么做？我当时让科技馆的人来做，结果做成了一本教科书的样子，这不是博物馆的叙事结构，最后我们又重做了。第一个是"自然太湖"，包括太湖的形成、生态系统等；第二个是"人文太湖"，讲述太湖孕育的早期文化，例如马家浜文化、崧泽文化、良渚文化以及广富林文化等，同时这样的环境也孕育了我们的生产方式，例如稻作农业、养蚕和捕鱼等等；第三个是"功能太湖"；第四个是"太湖的治理"，这就是一个完整的叙事结构。

"文物活起来"不仅仅是审美要求，一定要从更高的层次去理解，就如我所讲的中国智慧、中国价值等等。关于传播核心价值的问题，我们有很多理念，包括习主席提出的"人类命运共同体"。为什么我们大家一起发展？这是天下情怀和儒家学说的体现。我们的展览要有更高层次的核心价值内涵，我们做一个展览，不要仅仅就事论事，更不要低层次，要有高度，要有立意。这是我给年轻策展人的建议。

朱幼文：就像刚才小许提出来的，其实这里涉及两个概念，一个是讲故事，一个是叙事。我看到业界关于博物馆叙事的一些文章，实际谈论的是展览结构的叙述和方法。它不见得是讲故事，实际上是讲叙事结构和方法。讲故事要有叙事技巧和方法，但它不能囊括所有的叙事，其实讲故事是叙事的一个方法。我觉得这两个概念是有区别的

为什么要讲故事？我看过国外一个叫作"故事——让博物馆更有力量"的专栏，它从两个方面论述了"讲故事"在博物馆中的意义和作用。第一，它引用了西方的一个脑神经科学研究，做了一个测试。在一般情况下，讲述者和听话者脑电波的重合率很低，而一旦讲述者采用讲故事的方式，两者的脑电波可以达到90%以上的趋同。这说明讲述者吸引了听话者的注意力，传播效率也随之提高了。第二，通过讲故事可以把一些枯燥复杂的原理和知识变得通俗易懂，还可以通过故事把一些深刻的意义，比如情感、文化、价值观以及思想等潜移默化。因为故事是有人物、情感、故事情节和矛盾冲突的。举一个例子，科技博物馆不光要传播科技知识，还要传播思想文化和价值观。物不可能具有思想文化和价值观，只有人才具有，而且他的思想文化和价值观从是行为与做事的过程中体现出来的，那么故事就出来了。如果不采用讲故事的方式，就变成说教了。我想要说，故事让我们的传播更有效，也更有力度。

史吉祥：刚才对叙事说得非常具体，这次会议的主题是展览策划，叙事显然是

策划下面的概念。博物馆作为一个公共领域,有多种方法去理解,也就是说任何一种理论在博物馆都可以应用,显然叙事也是一种理论。从某种意义上来说,这似乎也是一种技巧。所以就博物馆来说,不是说要不要叙事的问题,而是如何叙事的问题。既然是如何叙事,博物馆又讲究个性化,那么叙事的模式化是不存在的。就如何寻求叙事的个性化来说,需要发挥各自的专长。

我也带学生做过一些博物馆策展,必然要涉及叙事。1997年,我带学生来到河北涉县。涉县原来是刘邓大军前身129师司令部所在地。我们策划出来一个叙事大纲去把129师抗战的历程表现出来。我让大家从人们最熟悉的地方入手,于是我们从抗战时期的歌曲中提炼出一句话作为单元的标题,这就是一种叙事技巧。我们第一个单元标题叫作"前进前进,渡过黄河,奔赴抗战前线",最后一个单元标题叫作"在那高高的山岗上,有我们无数的好兄弟"。当时县里就觉得我们这个创意非常好。

有很多叙事方式都会给我们启示,比方说《我的祖国》这首歌曲,它的叙事方式是由小见大。还有《我在故宫修文物》的电视纪录片,它的拍摄技巧是从体现早晨阳光的中景到小女孩和摄影师的对话,再到"我在故宫修文物"。这个"我"就体现得非常具象。所以谈到叙事,第一要具象,第二不应该模式化,要根据各个馆的具体情况来探索。

主持人(许捷):最后我想给朱幼文老师一个小小的任务。朱幼文老师和严建强老师是这次论坛的发起人。虽然朱幼文老师之前的背景是科技馆,但是他有着异乎寻常的热情,在这几年里非常关注所有类型的博物馆的策划,并且一直在努力推动这方面的发展,所以我今天想请朱幼文老师做一个论坛闭幕的致辞。

朱幼文:首先,感谢中国工艺美术馆给我们提供这么好的会议条件和会议服务,让我们能够坐在这里心情舒畅地谈论一些很深奥的东西,而且大家都获得很大的收获,甚至收获比预期还要多。然后,要感谢为我们提供会议经费赞助的广东广美设计研究院有限公司和合肥tanshi自动化公司。最后,要感谢浙江大学考古与文博系。这里琐碎的会务工作花费了同学们大量的时间和心血,让我们用热烈的掌声再次感谢他们! 我想借用之前史老师说过的话,发现自己既有遗憾也有羡慕,希望年轻人作为后浪尽快把我们拍在沙滩上。

第三部分

博物馆学习视野下的策展

以教育学的新视角看主题展览策划

——科学教育新理念给科技博物馆策展带来的启示

朱幼文

2011年以来,笔者在开发与研究科技博物馆教育活动的过程中,对一些多年未解的展览策划与设计问题有了新的认识,一些国际上科学教育的新理念带来的启发甚大,在此与同行们分享并探讨。

一、来自多维科学教育目标的启示

众所周知,教育已成为当代博物馆的首要目标,且博物馆功能也从"收藏、研究、展陈"转变为"教育、研究、收藏"。作为博物馆教育最重要载体与媒介的展览,它的首要功能也是教育,所追求的首要展示效果也应是教育效果。既然如此,策展时即应有明确的展示教育目标。

美国20世纪90年代初的"2061计划"文件和1996年《国家科学教育标准》,这两份引领国际科学教育改革浪潮的重要文件都提出要培养多方面的科学素养,而不仅仅是科学知识,比如"科学探究的手段、使用证据的规则、形成问题的方式和提出解释的方法……科学与技术的关系……科学的性质"[①],还有科学家科学工作的方法、态度、信念与世界观[②]。这些科学教育的目标用中国的习惯语言表达就是科学方法、科学精神、科学态度、科学世界观。

与此相对应,教育部2001年颁布的《基础教育课程改革纲要(试行)》提出三维课程目标,即知识与技能、过程与方法、情感态度价值观。同年,《全日制义务教育科学(3—6年级)课程标准(实验稿)》的三维课程目标是科学知识、科学探究、

---

① 美国国家研究理事会:《美国国家科学教育标准》,戚守志译,科学技术文献出版社,1999年。
② 美国科学促进会:《科学素养的基准》,中国科学技术协会译,科学普及出版社,2001年,第4-5页。

情感态度价值观。2017年,《义务教育小学科学课程标准》提出四维课程目标:科学知识,科学探究,科学态度,科学、技术、社会、环境。

也是在20世纪末、21世纪初,国内外科学普及/科学传播界也不再把科学知识作为"唯一"或"最重要"的普及/传播目标。其代表之一是中国在2000年提出被简称为"四科"的多维科学普及/科学传播目标:科学知识、科学方法、科学思想、科学精神。

在这一时期,国际博物馆界也提出了多维的博物馆参观/学习效果。英国博物馆、图书馆和档案馆委员会(MLA)2001年在"通用学习成果框架"(generic learning outcome,GLO)中提出了五维学习效果:知识与理解,技能(智力的、实践的、专业的),态度与价值观,乐趣、灵感、创造力,活动、行为、进步。①曾提出博物馆"情境学习模型"理论的美国学者福克、迪尔金2003年将博物馆展览参观学习效果分为四个维度(知识和技能、观念和意识、动机和兴趣、社会学习)和八种类型(知识、技能、兴趣、价值观、博物馆文化、社会学习、创造力和意识)。②美国国家研究理事会2009年针对"博物馆学习"(museum learning)提出了"非正式科学学习成果六大类别"(学习者产生兴趣与学习动机、理解科学知识、从事科学推理的能力、在学习过程中能够积极反思科学、参与科学活动并具有使用科学工具的能力、发展科学学习者的自我认同能力)。③这些均可看作是博物馆对于展示教育目标的追求。

20世纪80年代,美国博物馆率先提出了"主题展览"的概念。主题展览与此前的展览有什么区别?它要追求什么样的展示目的与效果?90年代,日本学者丝鱼川淳二根据展览目的与观众动机将展览分为三种类型,可帮助我们对此有所理解:①欣赏型展览——展示"物",这些物具有珍稀、古、美等属性,这些物谁都明白,并且看过之后有愉悦感。②理解型展览——展示"物",以理解为目的,"物"具有与"欣赏型展览"同样的感性因素。比起欣赏型展览,观众看了理解型展览之后可以对"物"达到理解,并且展览由于具有系统性,可以使观众有进一步的收获。

① 王乐、涂艳国:《馆校协同教学:馆校合作教学模式的理论探索》,《开放学习研究》2017年第5期。

② J. H. Falk, C. Scott, L. Dierking Rennie and M. C. Jones. "Interactives and Visitor Learning". *Curator: The Museum Journal*, Vol. 47, 2004, pp. 171-198.

③ 汤雪平:《非正式环境中的科学学习研究》,华东师范大学硕士学位论文,2012年,第24-28页。

③思考型展览——它在包含欣赏型展览和理解型展览特点的同时,能够引起观众进行深度的思考。①[6]

笔者认为,思考型展览在一定程度上提示主题展览追求的展示目的与效果也是多维的。我国浙江大学严建强教授与复旦大学陆建松教授提出的观众评价博物馆展览的三个标准,好看、看得懂、启发和感悟②,也可看作是设计展览所追求的三维目标。

将严建强教授、陆建松教授的展览评价标准与丝鱼川淳二的展览分类、教育部2001年的三维课程目标进行对比,会发现其对应关系(图1)。其中,"欣赏型展览"与"好看"未能与课程目标对应,恰恰表明了博物馆展览的非正规教育性质与学校课程正规教育的区别。

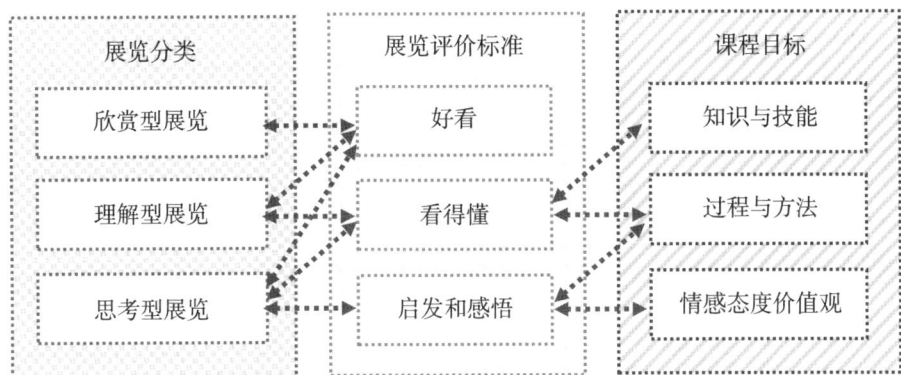

图1　展览分类、展览评价标准与课程目标的对应关系

上述多维的科学教育目标、科学普及/传播目标、博物馆学习效果、展览目标几乎在同一时期出现,绝非偶然。一方面说明教育界与博物馆界有近似的追求与发展趋势;另一方面暗示这种近似的追求与发展趋势必是由一股强大动力牵引,这个动力就是社会需求,是它牵引着教育、博物馆及其展览的发展。对于科技博物馆来说,"启发和感悟"与当代科学教育的顶层目标"情感态度价值观"相对应,这是新时代赋予的使命。如果还局限于激发兴趣、理解知识层面,展览的教育价值就不能充分实现,展览设计者与博物馆的使命就尚未完全履行。而这一使命的

---

① 丝鱼川淳二:《新あしい自然博物馆》,东京大学出版社,1999年。
② 严建强:《从展示评估出发:专家判断与观众判断的双重实现》,《中国博物馆》2008年第2期。

履行，要求策展人须有更高层次的追求，并通过给人以"思考"与"启发和感悟"的主题展览来实现。

陆建松教授曾指出："一个优秀的展览，必定是一个有着明确传播目的的展览；反之，没有明确传播目的的展览必定不是一个成功的展览。"[①]陆建松教授在2008年策划中国湿地博物馆展览时设定了三维传播目标：①认知目标——让观众了解湿地科学和人文知识，了解人类与湿地的密切关系，意识到湿地生态系统的重要性，认识到经济发展和湿地保护之间的平衡关系；②情感目标——激发观众的好奇心和求知欲，使观众对湿地产生珍爱之情，唤起观众对湿地保护与发展的责任感；③体验目标——鼓励观众参与湿地互动活动，让观众在湿地保护和决策中实现角色转换。[②]

在教育成为博物馆及展览首要功能的今天，我们在策划设计主题展览时是否有明确的多维展示教育目标？是否具有类似科学教育目标那样明确的科学方法、科学态度、科学价值观、科技与社会、人与自然关系的深层次内涵？

二、来自"核心概念"的启示

既然是主题展览，展览就应有明确的主题。根据商务印书馆《现代汉语词典》的解释：所谓主题，是文学、艺术作品中所表现的中心思想，是作品思想内容的核心。笔者2011年曾对16家科技博物馆、企业的展览设计团队就对"主题"的理解进行了调查，所得到的回答虽措辞不同，但均可归纳为"展览选题"或"展示内容范围"。[③]显然，展览主题不是"展览选题"或"展示内容范围"，而应是展览表达的"核心思想"。

当初美国博物馆界提出"主题展览"的概念，本身即是出于对展示效果局限于器物观赏、知识理解的不满足，是对更深层次展览内涵、更高层次展示教育效果的追求。同样，比"看得懂"层次更高的"启发和感悟"，显然不是针对一般知识的"启发和感悟"，而是更高层次的"启发和感悟"。那么，给观众以更高层次"启发和感

---

① 陆建松：《论博物馆展览各级传播目的的设定及执行》，《自然科学博物馆研究》2016年第3期。
② 同①。
③ "科技馆创新展览设计思路及发展对策研究"课题组：《科技馆创新展览设计思路及发展对策研究报告》，《科技馆研究报告集（2006—2015）》，科学普及出版社，2017年，第603-629页。

悟"的"核心思想"(即主题)是什么？

2011年以来,笔者经常以两个国外科技博物馆的案例说明什么是真正的展览主题:

一是日本国立科学博物馆"生命进化"展厅——第一主题是"环境变迁对物种进化的选择性作用",第二主题是"一切科学的发现与结论必须来自对自然的考察和科学实验"。①前者是进化论乃至生命科学的核心观点之一,是科学的进化观、生命观;后者是以实证为核心的科学认识论、方法论、价值观。

二是荷兰新大都会科学博物馆"技术:工具的制造者"展区——探讨人类作为工具制造者的本质,以及他们通过使用工具来和身边世界互动及改造身边世界的能力。技术"使世界尽在掌握之中"——技术扩展了人的自然能力并为实现人类的最终目标和使世界适应人类的需要创造了条件。②该展区的主题是"技术使世界尽在掌握之中",即"科技改变世界",甚至可延伸至"科学技术是第一生产力"。

显然,这两个展览具有更深层次的科学内涵,具有给人以更高层次"启发和感悟"的核心思想,是真正的主题展览。但笔者对于这两个展览主题的深入认识,还是在学习了当代科学教育新理念之后。

2011年,美国国家研究理事会在"K12科学教育框架"中提出了支撑科学教育的三个维度:科学与工程实践、跨学科概念、学科核心概念。学科核心概念列出了物质科学,生命科学,地球与空间科学,工程、技术与科学应用"4个学科的核心概念;跨学科概念则提出了适用于各个学科乃至社会生活、个人发展的7个重要科学概念③,其中大部分是科学方法、科学态度、科学精神、科学价值观的内容。2013年,美国"新一代科学教育标准"全面采纳了三个维度。

在此前的2009年,国际科学教育联盟曾提出在科学教育中十分重要的14个大概念,其中物质科学、生命科学、地球与宇宙等10个大概念,即相当于上述学科核心概念;第十一个到第十四个被称为关于科学的科学概念,则相当于跨学科概念。④

① "科技馆创新展览设计思路及发展对策研究"课题组:《科技馆创新展览设计思路及发展对策研究报告》,《科技馆研究报告集(2006—2015)》,科学普及出版社,2017年,第603-629页。

② 詹姆斯·布雷德伯恩:《寻找我们的道路——适应21世纪的博物馆学战略》,《当代科学中心》,徐善衍、欧建成、石顺科等译,中国科学技术出版社,2007年,第43-44页。

③ 谢绍平、董秀红:《美国新〈K-12科学教育框架〉解读》,《外国中小学教育》2013年第3期。

④ 温·哈伦:《科学教育的原则和大概念》,韦钰译,科学普及出版社,2011年,第1-8页。

　　2017年,我国《义务教育小学科学课程标准》提出了物质科学、生命科学、地球与宇宙、技术与工程4个学科的18个主要概念,它们也相当于学科核心概念。其虽未专门列出跨学科概念,但在科学探究,科学态度,科学、技术、社会、环境层面的课程目标中均有相当于跨学科概念的内容。①

　　美国教育学家威尔金斯对于学科核心概念的解释是:贯穿本学科的具有持久价值的概念、原理以及利于学生理解学习内容的关键思想,它们如同学科的主干,贯穿于学科之中,连接着学科内部知识。②笔者认为:学科核心概念一般是该学科最核心、最顶层的科学概念,相当于该学科知识体系的"梁"和"柱",跨学科概念则如同各学科知识体系和整体科学素养的"地基,而一般知识点仅相当于学科知识体系中的"砖"。为便于叙述起见,本文将学科核心概念、跨学科概念、大概念统称为核心概念。

　　上述国内外科学教育文件不约而同地强调核心概念,既说明其在受众构建知识体系、形成科学素质中的重要作用,也表明了近年来国际科学教育发展中的一个新趋势、新理念。

　　这时,笔者再回头看前面列举的两个国外主题展览的案例:日本国立科学博物馆"生命进化"展厅的第一主题相当于生命科学的学科核心概念,第二主题相当于跨学科概念;荷兰新大都会科学博物馆"技术:工具的制造者"展区的主题也相当于跨学科概念。上述展览的主题均有明确的核心概念,并统领整个展览,给展览赋予鲜活的灵魂,并使展览的内涵远远超出了知识的层面。这不正是改变我国科技博物馆展览"有科学知识,缺科学文化"的现状、增强科学教育效果的追求吗? 这恰恰是明确展览主题和推行主题展览的现实意义所在。

　　于是,笔者有了如下认识:日本、荷兰科技博物馆展览的主题,在包含该展览所要表达的核心概念的同时,还体现了该展览的顶层展示教育目标。展览的主题、核心概念、展示教育目标其实是统一的,展览主题应是特定核心概念和展示教育目标的特殊表述形式。由此可见,展览所要表达的核心概念、所要实现的展示教育目标,即是提炼该展览主题的依据。这一认识除了帮助笔者更深刻地理解展览主题之外,还提示我们在策展的实践中如何从展览的选题和素材中提取最有价

---

① 教育部:《义务教育小学科学课程标准》,北京师范大学出版社,2017年,第10-53页。
② Wiggins Grant、McTighe Jay:《理解力培养与课程设计:一种教学和评价的新实践》,么加利译,中国轻工业出版社,2003年,第193页。

值的展示教育目标与核心概念,并由此出发凝练展览主题。

笔者认为,文史类展览也应存在类似的核心概念、展陈目标、主题之间的关系。教育部2017年颁布的《普通高中历史课程标准》提出了历史学科核心素养的五个方面——唯物史观、时空观念、史料实证、历史解释、家国情怀,并从这五个方面提出了相应的课程目标。其中既包括了历史学的学科核心概念,也有科学的认识论、方法论、价值观等跨学科概念,它们都可以是文史类展览所要表达的核心概念、所要实现的展陈目标,并可转化为展览的主题。常州市博物馆的"龙腾中吴——常州历史文化陈列"、湖南省博物馆改造后的"湖南人·三湘历史文化陈列"、鸦片战争博物馆更新后的基本陈列等,是笔者最为欣赏的文史类主题展览,这些展览的主题都包含有《普通高中历史课程标准》中的某些核心概念,并实现了展览主题与展陈目标、核心概念的统一。

三、来自探究式、体验式、情境式教学法的启示

既然展览展品是博物馆教育最主要的载体和媒介,那么博物馆的展示教育具有哪些区别于学校及其他教育、传播机构的特点? 如果博物馆展览展品只是复制教科书的内容或新媒体、新技术的表现方式,博物馆如何不被其他教育、传播媒介所取代? 其存在的必要性何在? 如何在各种教育、传播技术日新月异且各种教育、传播媒介激烈竞争的当代安身立命并永葆其生命力?

中国科学技术馆早在1994年就在展览中引进了多媒体技术,2000年引进了虚拟现实技术(VR),2009年引进了增强现实技术(AR)……这在国内博物馆中可能都是最早的。并且,多年来我国科技类博物馆一直比较强调趣味性、体验性,互动性,强调展品创新。但是,引进的新技术也好,创新的展品也好,许多展示教育效果并不理想。上述问题揭示我们:科技博物馆的教育(包括展陈)特征究竟是什么? 什么样的体验与互动才能体现科技博物馆的教育特征?

美国1989年颁布的"2061计划"文件之一《科学素养的基准》中提出要像科学家进行科学探究一样进行科学学习。[①]美国1996年颁布的第一个《国家科学教育

---

① 美国科学促进会:《科学素养的基准》,中国科学技术协会译,科学普及出版社,2001年,第4-5页。

标准》提出了"以探究为核心的科学教育"的教育理念①,这一理念在2013年颁布的《新一代科学教育标准》中又进一步发展成为"基于探究的实践",并将"科学与工程实践"作为支撑科学教育的三个维度之首②。由此可以看出,科学探究或探究式学习是美国当代科学教育理念发展的主线之一,并且在逐渐深化和拓展。这本身即是对以往灌输式、说教式教学方式的一种批判和否定。

2013年以来,我国部分科技博物馆有一个重要的研究动向:将教育学的理论和方法运用于展览展品的体验式、探究式教育活动开发实践与学术研究之中。其研究的重要结论有:①科技博物馆的大多数实物展品,或本身就是科学家们科学实验、科学考察、科技发明的工具、对象及产物,或是以其为原型转化而来的展品;②科学家们就是通过关于这些工具、对象、产物的科学探究实践,获得直接经验,实现科学认知,取得科学发现、科技发明;③基于展品的体验式、探究式教育活动,其实是将科学家们以科研为目的的科学探究过程,转化为观众以学习为目的的科学体验、科学探究过程,从而使之获得直接经验,实现科学认知。④科技博物馆教育基本特征应是"基于实物的体验式学习"和"基于实践的探究式学习"。③

上述结论既体现了科技博物馆的教育特征,明确了其不同于其他教育/传播机构的教育/传播方式,又吻合了当代科学教育的先进理念,同时具有很强的操作性,在教育活动开发的实践中取得了良好的效果,显著提升了教育活动的水平。从上述认识出发,近年来博物馆界常说的体验、互动、情境、沉浸感才具有了促进科学认知的实际意义,同时也使体验式学习、探究式学习、多感官学习、情境学习等教育学理论和方法在博物馆中的应用具有了特殊的内涵。近年来,上述教育活动开发思路和经验,还被合肥科技馆等机构"移植"到了创新展品的研发中,并取得了初步成功。

基于上述研究与实践的体会,笔者曾尝试运用相关教育学理论和方法分析展品应有的展示教育效果:①做中学(learning by doing)——将书本上的间接经验转化为从体验展品实践中获得的直接经验;②探究式学习(inquiry learning)——通

① 美国国家研究理事会:《美国国家科学教育标准》,戢守志译,科学技术文献出版社,1999年。
② Hubert Dyasi、Derek Bell:《透视科学中的探究及工程与技术中的问题解决——以实践、跨学科概念、核心概念的视角》,刘润林译,《中国科技教育》2017年第1期。
③ 朱幼文:《科技博物馆展品承载、传播信息特性分析——兼论科技博物馆基于展品的传播/教育产品开发思路》,《科学教育与博物馆》2017年第3期。

过展品创设类似于科学实验、科学考察、生产劳动的实践情境,观众通过操作、实验、发现问题、收集与处理信息、表达与交流等探究活动获得认知;③体验式学习(experiential learning)——以可用感官接触的展品为道具,创造只有通过亲身体验才能获得有效认知的学习过程;④多感官学习(multi-sense learning)——通过展品创造听觉、视觉、味觉、嗅觉、触觉、运动等各个感官的体验,接收展品所传递的信息,使观众获得直接经验,实现认知;⑤情境学习(situated learning)——"在哪里用,就在哪里学",操作、观察、体验展品就如同进行一项科学实验、科学考察,引导观众像科学家一样从中获得发现和认知;⑥情境教学(situational approach)——通过展品的现象、画面、音响、动作和基于展品的故事、游戏、角色扮演等,使观众产生疑问、惊奇、愉悦,激发学习探究的兴趣和情感;⑦基于问题的学习(problem-based learning)——通过展品演示的现象使观众产生问题、好奇、悬念和强烈求知欲,并为其提供观察、体验、实验的条件,引导观众进入类似于科研的解决问题过程。①

　　笔者还尝试使用教育学理论和方法分析展览环境设计应实现的展示效果:是不是一个再现了当初科学家进行科学探究并获得科学发现的环境? 是不是一个再现了生物之间、生物与环境间的关系并使观众获得发现的环境? 是不是一个埋藏了疑问、悬念的线索并可激发观众学习、探究欲望的环境? 是不是一个可以给观众带来体验、发现、认知并获得直接经验的环境? 是不是一个可引发观众关注并聚焦于重点科学概念的环境? 是不是一个有故事、有情感、有回味的环境? ②……如果在策展过程中考虑上述问题,将为展品、展览环境的创意与设计带来不一样的思路。

　　由于文物考古也具有科学探究的特征,也具有基于实物的"体验-认知"过程和基于实践的"探究-认知"过程,因此,也可以将考古学家以科研为目的的科学探究过程转化为观众以学习为目的的科学探究过程。这为文史类展览策划、展品设计(包括多媒体、VR/AR类展品)、布展环境与场景设计、教育活动设计开发提供某些启发,至少可以部分改变某些文史类展陈及讲解中的说教、灌输方式。在前面提及的"龙腾中吴——常州历史文化陈列"、"湖南人·三湘历史文化陈列"、鸦片

---

① 朱幼文:《教育学、传播学视角下的展览研究与设计——兼论科技博物馆展览设计创新的方向与思路》,《博物院》2017年第6期。

② 同①。

战争博物馆基本陈列等的展品、环境设计中已可以看到这方面的成功实践。

四、结语

本文关于展览目标、展览主题、展品与环境设计的思考，均是从展览所要实现的教育目标、教育效果出发。展览必须具备观赏性、趣味性，如果观众不爱看，教育目标、教育效果就无从谈起，但观赏性、趣味性应服务于展览的展示教育目标与效果。本文是笔者近年来的体会与思考，虽不成熟，但希望能够引发同行们的深度思考与探讨。如能为策展的研究与实践提供一点借鉴，将甚感荣幸。

博物馆体验学习初探

王旖旎

从最新的博物馆定义的变化可以看出,教育与学习在现代博物馆的功能定位中受到了前所未有的关注,这实际上是博物馆理论界对博物馆在现实社会生活中角色变化的反应。随着20世纪中叶以来终身学习理念与建设学习型社会口号的提出,以及十九大以来"学习强国"热潮的兴起,学习在公民的人生规划和国家的社会发展战略中,占据着越来越彰显的地位。正是在这一挑战的推动下,博物馆进一步意识到强化教育及提高学习效益的重要性,并在其发展战略中将学习与教育放到了更加核心的位置。这推动了体验学习更大规模展开,并受到了实践领域与理论界的越来越多的重视。在实践领域,许多博物馆开始引入体验项目,将体验项目看作博物馆教育活动中重要的有机组成部分;在理论界,"博物馆体验"(museum experience)一词的使用频次在不断增长,相关的文章也不断问世。这一探索在全球范围内已经持续了较长的时间,也获得了积极的成效。但若从更高的要求和更细微的角度审视,实践和理论上都存在一些问题,依然具有进一步优化和提升的空间。从目前的研究现状看,理论界对体验学习这一现象产生的背景与原因、体验在认知过程中的工作原理、如何构建体验型展项与展览,甚至这一概念在博物馆学语境下独特的语义学内涵,尚缺少充分的研究,其结果,一方面是博物馆学领域的研究缺乏必要的针对性与精准性,另一方面是实践领域由于缺乏精细化的理论指导而缺乏自觉和清醒的意识。正是出于这样的思考,本文试图在上述诸方面提出自己的想法,希望能起到抛砖引玉的效用,以唤起学界对这一问题更多的思考。

一、博物馆语境下的体验学习

"体验"一词在日常生活与学术研究中被频繁使用,但在博物馆学界,体验的概念界定尚未成为关注的焦点。从语义学的角度对体验的日常用法进行分析，在综合权威辞书后我们发现其用法有三：①动词，通过实践来认识周围的事物，亲身经历。其中"体"为副词，取其"亲身地"之意，"验"为动词，取其"察看，查考"之意。②名词，指通过亲身实践获得的经验。③动词，查核，考察。释义①为《现代汉语词典》对"体验"的释义，这也是其当前最为主流和普遍的使用方式，本文将取此用法作为深入分析体验学习在博物馆语境下概念界定的基础。

做此意解的"体验"最早被用作学理性专业词语，可追踪至德语系哲学家。根据伽达默尔的考证，"体验"在德语原文中作 Erlebnis，乃从 Erleben（经历）转化而来。[①]Erleben 又是 Leben（生命、生活）加前缀词 Er-（表动作的开始、状态的变化等）以形成，表明"体验"同人的切身经历以至人的生命活动密切关联，即体验强调亲身的参与和感受。体验的直接性内涵得到了强调，表明体验的目的正在于理解和揭示对象物所蕴含的意义。

综上，本文将体验一词在日常中的主流用法和哲学领域对于 Erlebnis 的解析结合进行综合考量，帮助形成博物馆语境下的体验学习的概念。也就是说，可将体验视为观众（主体）对展览（客体）进行亲身感知的认识过程，侧重于强调观众在博物馆中学习的过程，而非结果。

人类的体验行为被应用于学习，就产生了体验学习这一种行之有效的学习方式。在博物馆学习领域，体验学习也会在认知和情感上带来多层次的收益。体验虽是体验学习的基础，很多观众与博物馆产生关联的行为也可能具有体验的意味，但严格来讲并不能被视为体验学习。博物馆体验学习应是作为一个能够使被博物馆化了的物彰显博物馆性的重要手段而被赋予独特的含义和意义，而不应泯然为参观行为的代指或是沦为秀技术和娱乐化的工具。所以，我们有必要进行进一步的约束和聚焦，划定博物馆体验的边界。

若将界定止步于上文所述的"亲身感知的认识过程"，同样会带来这一概念的泛化使用，因为传统参观方式中对单纯的物进行观察也属于亲身感知的认识过程。所以为了避免失去对于"体验对认知独特作用"进行探讨的意义，在博物馆语境下使用体验概念时必须满足以下两个条件之一：①需要除了视觉之外的其他感官的参与；②是对现象的感知，而非对单件（套/组）物的观察。五感当中除了视觉

---

① 伽达默尔：《真理与方法》，洪汉鼎译，上海译文出版社，2008年，第77页。

之外①还运用了其他感官,则可称之为博物馆体验。但还有一种情况值得特别注意,当仅有视觉参与时,若对象物已经被置于通过物的组合关系而创设的某一情境之中,即变"对单件(套/组)物的观察"为"对物背后的现象的感知"时,可能仅有视觉参与,但是仍是体验的重要类别(如将数个同一时代的文房用具按照使用的位置和方式摆放在书桌上)。在形式上单纯的对单件(套/组)物进行的观察,即便其引发了心理和意识层面的联想,也不能称之为博物馆体验。

对博物馆体验进行如上界定既是为了避免体验概念的泛化使用,泯灭体验对认知的独特意义,更是考虑到博物馆体验的核心是对现象的体验。现象之所以是核心,是因为还原物所贮存的独特的历史、文化、社会、自然、科技背景的观念日益成为共识。物若被以孤立的形式放置在博物馆中,会割裂其与原生环境之间的联系,陷入隔绝、"失声"的境地,而现象的还原恰恰需要物的逻辑关系组合和多维综合表达。对还原后情境的学习也需要调动多种感官进行综合感知,这就使得体验性参观行为与对物的外在物质形态的观察拉开了距离。此外,随着观念的改变,越来越多的东西可以通过博物馆化被纳入到博物馆视野中,如非实物展品的出现,即博物馆物也会以"非物"的形式出现,可能是声音也可能是气味等,对这些展品的学习也使得视觉观察"心有余而力不足",从而呼唤其他感官介入。概言之,界定博物馆体验还是基于博物馆中物、现象与人三者之间关系进行的实际考量,将体验视为与对物的外在物质形态的观察对立的学习行为。

二、博物馆开展体验学习的背景

博物馆学习具有明显区别于其他学习方式的特征,因此必须基于其特点,来探讨博物馆体验学习的优势与意义。博物馆在学习特点、学习方式上与其他媒介和传统学校教育具有明显分野。博物馆把物品置于空间之中,是希望观众将其作为介质来与时空进行沟通,但由于博物馆学习场所的空间属性以及学习对象物的属性,博物馆学习过程实际上需要观众在空间当中站立、行走、观察、操作、思考,其所涉及的认知方式与我们习惯的方式差别巨大。

---

① 因为博物馆是以视觉为基础的,除了专门针对视障人士的特殊展项外,几乎不存在完全排除视觉,而采用诸如"听觉+嗅觉"等的博物馆展项。

（一）博物馆开展体验学习的优势

博物馆独特的传播与认知方式中的某些方面会为开展体验学习带来优势，使博物馆成为体验学习的绝佳场所。博物馆的传播方式比其他媒介更为多元，也比学校教育更为灵活，博物馆可以"利用学习场所的空间性发挥多种媒体综合作用的优势。这种空间性使我们得以引入其他各种媒体，实现多种媒体综合作用，并共同作用于观众的多种感官"[1]。

1. 三维空间中的学习

博物馆学习因为是在三维空间中的学习，所以具有广泛性、丰富性、多元性。其可以融合多种多样的体验形式，进行多元综合表达，为观众提供从各个维度认知的可能性。相比之下，纸媒、声媒、影媒的表达方式均较为单一。

2. 站立和行走中的学习

博物馆学习在站立和行走中进行，方便观众操作、沉浸，能提供别处无法提供的真实学习体验，提供了可操作、可沉浸、可感知、可思考的情境。

3. 基于实物的学习

博物馆学习是基于实物的学习，比基于符号的学习更具备进行体验的客观条件。博物馆的特色是以展品及场馆环境作为学习媒介，是发现式学习的现成场所。[2]

4. 非强制性学习

在博物馆中学习是非强制的、非正式的。博物馆不是一个正式教育机构，不会进行明确的测评，所以它可以采用一种更为丰富的、多样化的教育方式。相反，传统学校教育的考试会带来明确的指向性，单一的知识传授通常占绝对主流。

（二）博物馆开展体验学习的意义

对于博物馆体验学习意义的探讨，也需要基于博物馆传播与认知方式的独特性展开，这为博物馆体验学习在促进认知与传递情感两个维度上带来了意义。

1. 感知现象

体验可呈现文物背后更丰富的信息。博物馆物的信息具有多元化特征，而且

---

[1] 严建强：《在博物馆里学习：博物馆观众认知特征及传播策略初探》，《东南文化》2017年第4期。

[2] Black. *The Engaging Museum：Developing Museum For Visitor Involvement*, Routledge, 2005, p.56.

物背后还隐藏着现象。体验既能使观众感知现象成为可能,又能促进观众对现象的感知,也就是现象感知与体验互为因果。

博物馆从物开始,现实中的物通过博物馆化的过程而变成博物馆物,这是一个去脉络化的过程,会将物与原生环境割离而变得不易理解。传统的展览形式局限于对物的观赏。随着博物馆学习从知识灌输向知识体验方向发展,寻求博物馆表达这个社会维度也不断拓展,展览不再是展出博物馆化后孤立静默的、去脉络化的物,而要透视物,超越物,看到物后面的世界,在对物的重新发现中为其添加专业性的知识附加值,连同该物所依存的环境和背景也同时再现,使其以现象的方式呈现,也就是为物提供自行表达的语境。

在实物旁辅以符号化的文字和图像虽能传递部分信息,但这样的方式与我们生活的多维的真实世界相去甚远。在多种多样的阐释现象的方式中,体验学习是一个能够把在博物馆化过程中被“去脉络”的物“回脉络”的过程,可以将它理解为一个十分独特的博物馆化方式,以“反博物馆化”的形式呈现,即博物馆化的反动作。它超越二维信息,还原了真实世界(严格来讲是一个“拟真实”世界),将物的意义与价值可视化,成为彰显博物馆性的有效手段。

所谓体验,最核心的部分是对现象的体验。如果是单纯的物,比如历史展览中的瓷器、科技馆中的公式,通常涉及的只是单一的观察维度。但是,当我们把物作为一个媒介,去探索历史类展览中过去人们生活的世界或科技馆中的科学现象时,为了能够实现更理想的传播效果,就需要展览将过去的生活、科学的奥秘在理论层面上做出抽象和升华,以重构的方式再现,最后呈现出来的效果就会超越物,而成为现象。我们还要注意到,这个在展览中被重新创设的情境并不是将原本的真实时空照搬过来,因为真实时空是自在的,并不具备阐释能力。展览中具备阐释能力的情境是要被思考过的、被提炼过的、被逻辑抽象过的,将物摆到这个情境当中要能够最有利于现象的呈现,最有利于其博物馆性的显现。在形式上既可以是具象的,也可以是抽象的。具象的形式以情景再现最为典型。抽象的形式可以是将孤立的物进行组合,使之产生逻辑关系,即使是概括的、简易的组合,但物品因此有了脉络,已经成为对通过组合而形成的逻辑关系的观察,所以仍超越了孤立的物而成为现象。

这一展览内容维度的扩张带来观众学习内容和学习方式的革新,对现象的学习是一个综合性很强的学习活动,其复杂性远胜于对物的学习,“认知不再仅仅局限在大脑,而是与全身多种器官发生关系"①,体验因而成为其中非常重要的环节。现象在被认知的过程中,需要多种感官的介入,这就对博物馆体验提出了要求,要求博物馆对现象进行重构。体验为博物馆展示方式和博物馆学习方式带来了全新的可能性。正因为博物馆传播的维度拓展了,要表达的内容更为丰富多元,体验的意义才被凸显。

2. 还原多元信息

展品的信息具有多元化特征,很多通过符号化系统描述无法传达的信息,比如纹理、光泽、声音等,都可以通过体验来呈现。通过体验还原博物馆物的信息的完整性,将通过符号系统无法描述和传达的信息,以及通过符号系统传播效率低下的信息传递给观众。如中国丝绸博物馆推出的"荣归锦上——1700年以来的法国丝绸特展",在展示法国传统面料时就采用了让观众触摸天鹅绒、缎纹、织锦等布料的方式。与其耗费大量文字描绘布料触感,不如直接让观众触摸。

3. 表现动态过程

博物馆中单件(套/组)的物的叙述具有非连续性的特点,其呈现的是静态瞬间的样态,难以表现动态的过程性的现象。体验,尤其是沉浸式体验,以及幻影成像等新媒体技术为展项增加了时间维度,将对单点的物的观察变成了耗时性表达,也将多个作为点的物进行串联,形成线甚至是面和体。体验可以将时间维度和空间维度融为一体,"将空间性奠基于时间性之中","一齐伸达并供呈当前"②。

4. 调动参观积极性,忽略疲劳

博物馆学习的非强制性要求通过体验调动观众参观的积极性。学校作为一个正式教育机构,主要通过考试与文凭对学生进行约束。学生在规定时间内坐在固定座位上,老师就站在学生的面前,无论学生是否愿意听讲,老师的声波都不由分说地震动学生的耳膜。

相较于课堂中的学生,博物馆观众具有的是"非优质注意力",博物馆学习依靠个人兴趣,以个人主观意愿为转移,常是偶发的与个性化的,满足个人的控制需

---

① 因为博物馆是以视觉为基础的，除了专门针对视障人士的特殊展项外，几乎不存在完全排除视觉，而采用诸如"听觉＋嗅觉"等的博物馆展项。
② 海德格尔：《存在与时间》，陈嘉映、马庆节译，生活·读书·新知三联书店，1987年，第388页。

求可能更大于学习内容本身,可以将其概括为"有目的""非线性"。"有目的"是指观众有自己的参观目的和动机,是带着自身的需求和兴趣点进行学习,随机性很强,不一定与馆方设定的传播目的完全吻合;"非线性"是指观众经常是随意参观的,未必按照规划的展示动线行进,通常也会优先参观感兴趣的或已知的主题。馆方在布展完成之后,就隐身幕后,对观众这样一个具有自由意志的行为主体的控制力很弱,观众完全被自己的兴趣和自身对于重要性的判断所牵引。

博物馆学习是在站立和行走中学习,是一个耗费体能的过程,会导致学习效率递减。相比之下,学校教育、阅读图书、观看电影和戏剧往往是以坐姿进行。因此,需要通过体验来转移注意力,激发观众的自主意识和参与感,达到米哈里所说的"心流体验"(flow experience)的境界,即"全身心投入事物本身的一种美好体验,时间也仿佛过得很快"①,从而忽略博物馆疲劳感。

此外,体验有助于深化观众的记忆,也可能会给观众带来情感、态度上甚至价值观上的变化。

三、博物馆体验学习的原理:两次互动过程

博物馆体验学习的原理,或曰体验在认知过程中的工作原理,如图1所示。

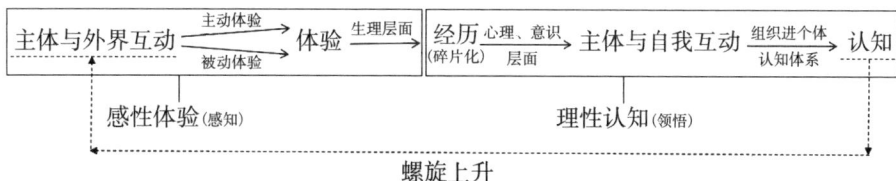

图1　博物馆体验学习的原理

通过体验在博物馆中获得认知经由两次主客体互动过程来实现,分别是"主体与外界互动"和"主体与自我互动"。两次互动过程的主体均为观众,第一次互动的客体为展项,观众是积极的,因而是逻辑上的主体,展项是被动的,因而是逻辑上的客体。第二次互动的客体变为了观众自身,强调观众在心理和意识层面的

---

① Mihaly Csikszentmihalyi. *Creativity*: *Flow and Psychology of Discovery and Invention*, Harper Collins, 1996, p.2.

反思，将第一次互动所获得的感性体验串联进个体认知体系，是一个主体客体化的过程。主体与外界互动是一个进行感性体验也就是感知的过程，是指观众运用感官进行的确实的参观行为，所获得的是生理层面的参观经历。获得的经历，在经过主体与自我互动所进行的心理和意识层面的加工后，被组织进个体认知体系，形成认知，这部分称为理性认知或领悟过程。将这两部分的过程结合，便完成了一次完整的博物馆学习，但博物馆学习又是一个螺旋上升的循环过程，本次学习获得的认知能够影响观众在新情境中的事实判断和价值判断，并对原有认知进行检验。由此，博物馆体验学习成为一个良性循环。

（一）主体与外界互动和主体与自我互动

主体与外界互动和主体与自我互动作为博物馆体验学习的两大组成部分，在对象、方式等众多方面有所区别，如表1所示。

表1　两种互动过程

类型	互动对象	发生方式	发生层次	指向	认知形式	所属认识论
主体与外界互动	外界	操作、沉浸	生理（身）	经历	感性体验（感知）	经验主义
主体与自我互动	自我	反思、建构	心理、意识（心）	认知	理性认知（领悟）	理性主义

（二）螺旋上升的良性循环

博物馆体验学习是一个可以促进认知水平螺旋上升的良性循环过程。一个周期结束后获取的认知将作为新周期的前理（pre-understanding）[①]影响新情境中的迭代循环。博物馆体验学习视认知为积累性的，学习者根据原有认知，从环境中选择某些对象作为其交互作用的客体，原有认知在与环境的互动中得到扩展，或与其他各类认知联结而成为新认知，并对已有的认知进行检验。每个认知既受之前认知的影响，又影响其后认知的质量。

---

① 前理解，是指在开始理解前就已经存在于头脑中的知识储备和情感态度，是理解的基础。最早由海德格尔提出，后来经伽达默尔确定并详加论述。

四、构建博物馆体验学习的方式

博物馆作为现实的物理世界,能为学习者提供真实的体验,通过设计体验项目能够建立易于理解的观察平台,提供更为丰富和多元的学习场景,由此笔者提出设计操作式和沉浸式两种不同形式的项目这一具体操作方式。但在博物馆中进行体验只是完成体验学习的重要基础,从体验到体验学习还需要理性认知的过程,由此笔者提出了将感性体验与理性认知结合,适当引导观众将获得的认知与真实情境关联的策略。

（一）设计操作式与沉浸式体验

主体与外界互动可以通过两种具体的方式进行博物馆体验:一是主体主动发起并能动参与的主动体验(如操作式体验),二是主体始终被动地暴露于某一情境之中"被情境化"(如沉浸式体验)。两者在博物馆场域的体验项目中常常不能被完全分割开,如操作式体验项目作为沉浸式体验项目的重要补充,融合在沉浸式体验项目之中。

在操作式体验的过程中,来自客体各种物理属性(形状、颜色、体积、触感、声音、气味等)所带来的新奇刺激可以带来观众注意力的高度集中和情绪上的兴奋,触动并改变主体的心理过程,从而帮助实现展览传播效益。观众作为自变量,对操作式体验展项施加刺激,作为因变量的展项由此产生相应变化。习得刺激与反应之间的因果联系,并将其固定为有组织的确定性变化的过程就是通过操作式体验进行博物馆学习的方式。例如在新加坡科学馆的桥梁受力模型测试操作装置中,观众可以在不同的桥梁模型上从小到大施加压力,模型因压力大小的变化和受力点不同而产生相应的变化,观众从而了解到不同结构的受力方式与受力范围。操作式体验以类似科学实验的方式展开,观众不仅可以学习到作为结果的知识,更能学习知识背后的现象和通过"实验"来推导、验证理论的过程。

沉浸式体验是一种情景浸入式的体验形式,将展品还原到其原有的使用与存在环境,最大限度地恢复其原真性,可以让观众走入场景之中,消除观众与展项的隔离,提供多视角、全细节,通过多种感官刺激,让观众形成综合印象,使现象更为丰满。观众在参观全程一直置身于展览所设定的事件或环境中,感觉自己是该事件或环境的一部分,产生强烈的置入感。沉浸式项目通过临场感促进观众产生情境认知和情境记忆的功能显而易见,除此之外,它所带来的时间上的穿越感(如丹麦老城博物馆为老年观众创造的20世纪50年代记忆小屋)、情感上的共鸣感(如德国柏林犹太人博物馆用铁片铺满地面的空旷空间,让压抑的空间布局和尖刺声音、低温等元素共同作用,使观众产生对受纳粹迫害的犹太人的同情)和心理上的亲近感(如台州博物馆等比复原的山民建筑与崎岖鹅卵石山村小路体验,既唤起当地居民的亲近感,也为游客制造亲近感),都契合了近年来博物馆以人为本、人文关怀的核心议题。

同样为航空航天题材,两种不同的体验形式均可呈现较好的展示效果。在澳门科学馆模拟火箭发射的操作式体验项目中,观众可通过操纵众多按钮来触发点火发射、箭船分离、进入轨道等步骤,完成一次模拟发射,也可通过切换操纵杆的角度来监视大气环境、飞行状态等参数。澳大利亚动力博物馆的"失重空间"沉浸式体验项目中,观众可以走进高度还原的太空舱,太空舱开始旋转后观众可以真切体验失重的感觉,并在两位虚拟专家的带领下了解宇航员怎样在失重状态下工作。

(二) 感性体验与理性认知结合,关联真实场景

博物馆体验学习是一个起源于体验且在体验中不断修正并获得认知的连续过程。博物馆学习不是被动的单向过程,而是让观众通过感知和领悟成为主动发展的主体。

博物馆体验学习中感性体验(感知)与理性认知(领悟)缺一不可,无法由任何一个过程单独诠释。康德的原则为理解两者关系提供了描述性工具:"任何脱离了直觉的概念都是空洞的","任何脱离了概念的直觉都是盲目的"。[①]在此框架的基础上,将感知和领悟组织在一个系统之中加以协商,由此获得发展。

1. 感性体验(感知)

体验作为主体的感性认识活动,是具体情境中观众的感觉、知觉和表象的能动反馈活动。刘惊铎将体验视为"一种图景思维活动"适用于理解博物馆体验:

---

① 文杜里:《西方艺术批评史》,江苏教育出版社,2005年,第5页。

"体验作为一种图景思维活动,不是以单纯语言文字符号的逻辑转换为主的逻辑思维活动,而是以图景转换为主的图景思维活动。"①图景信息在大脑中的转换和创生作为一种情境认知的方式对知识习得有着符号认知无法取代的持久意义,在人的高级心理机能发展中具有突出作用。

　　感觉(sensation)是感觉器官接收环境中物理刺激的能量②,是知觉(perception)的基础。知觉是人脑对当前客观事物的整体的反应③,是对感觉到的信息的识别和组织。例如在战争主题的展览中听到炮火声,听觉系统作为感受器感受到声音,传入大脑进行识别和解析,观众意识到这是炮火声。

　　感觉与知觉通常难以分离,因为人们在接收感觉刺激的同时便开始整合,这一过程可统称为感知。出于这个原因,大多数心理学家将感觉和知觉视为统一的信息加工系统。④

2. 理性认知(领悟)

　　由经历形成经验的过程是知识的内化,这一理性认知的过程帮助观众在知识体系中完成过程转换,使之产生心理、意识层面的领悟和反思,是"使体验深入内心并有赖于概念解释和符号描述的认知过程"⑤。此时体验虽丧失了"亲身经历"的那种直接性,却因此获得了整体性意义。⑥

　　虽然认知是体验的结果,但体验并不一定能沉淀为认知。对停留在感知层面,而没有被感知到的信息赋予意义,得到的是碎片化的经历。各类体验被串联进整体知识体系,与原有认知产生关联后则形成新的认知。认知要能够为意识所把握和再现,例如图2,观众将一只手放在带电荷的

图2　"静电金属球"展项
(来源:作者拍摄于上海科技馆)

① 刘惊铎:《道德体验论》,人民教育出版社,2003年,第61页。
② 韦恩·韦登:《心理学导论》,高定国等译,机械工业出版社,2017年,第99页。
③ 周爱保:《认知心理学》,人民卫生出版社,2013年,第28页。
④ Goldstein E. Bruce. *Sensation and Perception*, Wadsworth Cengage Learning, 2010, p.18.
⑤ David A. Kolb. *Experiential Learning: Experience as the Source of Learning and Development*, Pearson FT Press, 2006, p.66.
⑥ 潘德荣:《诠释学导论》,广西师范大学出版社,2015年,第52页。

金属球上的动作不能成为认知，当观众将这一动作与产生静电从而会感受到轻微电击且头发散开的后果联系在一起，并将曾经遇到的如脱掉毛衣后头发散开的情况和这一场景同样归为静电现象，才形成了认知。设计可触摸的静电球展项，吸引观众进行有趣实验完成了体验学习设计的基础部分，接下来若能引导观众将其与生产生活中的静电现象联系在一起，则是对体验效果的深化。

3. 两者的结合

博物馆体验学习是一个认知过程，但是西方哲学认识论中的经验主义与理性主义难以成为博物馆体验学习的全部认识论基础。皮亚杰的发生认知论将两者进行了结合，认为知识不单独存在于外在客观世界或人的思维意识中，这有利于形成"包含并超越他们自身的更清晰的认识"。但是对他来说，感知的过程只是内在反思的从属。①

博物馆体验学习认同发生认识论将经验主义与理性主义结合，但在感知与领悟的地位上与其有本质区别。具体来说，博物馆体验学习必须是感性体验与理性认知两大部分的结合，从地位上讲理性认知必须以感性体验为基础。在实践应用时将两者进行结合，是指博物馆在对体验展项进行内容设计和形式设计时，提供互动操作和模拟逼真场域以反映知识在真实世界中的产生与应用方式，且也能有意识地引导传播目的与知识应用的真实场景进行有效关联。观众在理性认知步骤所进行的心理意识层面的加工，看似是观众在个体内心进行的行为，但实际上并不能被展览设计者所忽略，而应加以适当引导。如澳门科学馆在展示气体、液体、固体密度时，就将其与解释百慕大三角沉船之谜的主流观点进行了关联。百慕大区域海底会释放出甲烷气体，当其混杂在海水中时，会使海水密度变小，持续的甲烷释放会使局部海水密度越来越小，直至不能提供航船所需的浮力。观众通过动手操作从容器底部持续为水中注入气体，随着水中气泡的不断增加，原本漂浮在水面的泡沫船仿佛石头般坠入水底。

如前文所述，体验的核心是对现象的体验，其最直接的方式就是创设情境。情境认知理论认为，人是在情境中通过对情境事物的直接参与发展出认知的。引导知识向真实情境转化，提供有意义的学习是促进认知的关键一环。基于此，展览要能够按照真实的历史情境、自然情境、社会情境进行博物馆化的改造，引导观

---

① Jean Piaget. *Genetic Epistemology*, Columbia University Press, 1970, p.77.

众进入知识真实的产生和应用场域,模拟学习过程中以及后续运用知识和技能的情境,在认知情境和应用情境上提供必要的帮助。记忆不是一个脱离具体情境的过程,"环境的再现性特征可以提供再现的行动序列"[①],博物馆引导知识、能力与真实情境关联,有助于知识的内化,让观众形成情景记忆,帮助其后续进行知识迁移。

五、结语

通过上述分析我们发现,博物馆体验学习是观众通过亲身感知来进行认知的过程,核心是体验现象,与对物的外在物质形态的观察对立,在认知过程中通过主体与外界和主体与自我两次互动过程结合来实现。操作式和沉浸式体验是在设计体验型展项和体验型展览时可以应用的具体方案。此外,有意识地引导观众将认知与真实情境进行关联也使观众的知识记忆和能力迁移顺利进行。

博物馆体验学习把观众的体验过程视为博物馆教育活动的基本形式之一,在这一话语体系下,博物馆不仅关心观众是否学到了知识,而且关心观众是否有体验,体验到了什么,追求什么样的体验,以及如何判断自己的体验。这样的观点为博物馆多维信息的传达和博物馆与观众形成有效沟通提供了新的可能性,但也为博物馆带来前所未有的挑战,如何组织体验空间、如何平衡文物体验与文物保护的关系、如何避免大型影音设备喧宾夺主都成了值得博物馆人深思的新问题。

---

① J. S. Brown, A. Collins and P. Duguid. "Situated Cognition and the Culture of Learning". *Educational Researcher*, No.1, 1989, p.67.

基于STEM教育框架的对科技类博物馆展览设计的思考

张祖兴

一、STEM教育内涵与在科技类博物馆展览、设计中的不足

（一）STEM教育的定位与关联

1. STEM教育由来与定位

2011年，美国发布的《K12科学教育框架：实践、跨学科概念和核心概念》（后简称《框架》）指出，为实现科学和工程教育的愿景，多年的学校教育应引导学生积极参加科学与工程实践，并应用跨学科概念来加深他们对这些领域之核心概念的理解。这是对STEM教育方式提出的框架性愿景。2013年，美国颁布的《新一代科学教育标准》对三个维度（科学与工程实践、跨学科概念和核心概念）的表述，进一步指明了STEM与三个维度的关系，其指出，通过在各个学段的科学课堂教学中将工程设计提高到与科学探究同样的水平，以及强调工程设计和技术应用的核心理念，将科学和工程有机地整合到科学教育中。从此我们看出STEM教育作为新一代科学教育理念的一种理想的承载方式，将成为一种主流教育方式，直接影响我们现行的科学教育发展方向，也将为科技类博物馆的展览设计带来新的变化。

2. STEM教育与科技类博物馆教育的关联

博物馆（包括科技类博物馆）现有展览设计从"以物为中心"转变为"以人为中心"，目标与功能从"收藏、研究、展陈"转变为"教育、研究、收藏"（后称两个转变）的过程中，科技类博物馆的教育功能逐步完善与发展。从科技类博物馆的发展历

程来看,其教育经历了从非正式教育到非正规教育的转变和发展①,其定位于作为校内正规教育体系的补充与拓展。从2017年我国颁布的《义务教育小学科学课程标准》的要求来看,现行小学科学教育仍然以探究学习为主,同时涉及科学与工程实践领域。基于现在小学科学教育的条件与标准要求,科技类博物馆可以在新科学教育理念与方向上有所尝试和创新,但是目前科技类博物馆的展览教育与展览设计大多也仅局限于科学探究方向,真正以STEM教育为方向的展览设计几乎是一个全新的领域。

而从科技类博物馆的展览特点来看,STEM教育与其展品、展览有着许多不谋而合的技术和实践中的共同点,这将是我们能够便捷运用新理念,快速切入新的尝试领域的接入点和方向。

(二) 科技类博物馆在展览教育中所反映出来的问题

1. 展览情境设计空泛,缺少代入感,文化背景缺失

大多数新建成的科技类博物馆存在设计同质化的通病,其大多采用没有具体目标的科技大情景的设计,将一些所谓的科技元素套用于各种主题,主题的区分主要在于颜色与文字的表达,没有针对所展览主题进行特定情境设计。当人们走进科技类博物馆时,可能感受到的是一个充满科技元素的氛围,但在进入一个主题展区时却没有具体环境或情景的体验,这样同质化的氛围难以让观众产生代入感。不像自然博物馆,其设计的热带雨林展区,从仿景到拟声,从三维到四维,让观众有身临其境的代入感。观众走入自然博物馆的展区就可以了解到其中发生的动物间的故事,但走在科技类博物馆的展品之间,却无从获知展品的背景或故事,更多的是官方的讲解词与产品原理说明。

2. 参观存在盲目性,展览教育无序,互动体验感差

现在的科技类博物馆大多默认观众采用自由式参观,哪怕有设计的参观线路也大多是游乐园式的"黄金线路",本质上还是自由式参观。如果说观众参观在一定程度上还是可以在自由与引导中做出妥协的话,那么对于定位是具备科学教育功能的展览来讲,有序性就显得十分重要。核心概念构建的知识体系对知识有序

---

① 朱幼文:《教育学、传播学视角下的展览研究与设计——兼论科技博物馆展览设计创新的方向与思路》,《博物院》2017年第6期。

的组合，以及人认知与学习的有序性，都要求我们有序地排列展品以实现人们在参观科技类博物馆时的有序学习。但是，现有的展品大多是独立和冰冷的个体，许多所谓的主题展览只是把具有相关知识点的展品罗列在一个区域，既无序也没有互动。

3. 展品设计对于科学探究与STEM课程实践的支持甚少

许多展品的设计都局限于对科学知识的表述或对现象的表达，没有往科学实践的教育活动的方向进行考虑，根本原因还是展品设计先于或脱离教育活动的设计，使得相关展品之间没有达成一体化和关联化。譬如许多科技类博物馆都有表现伯努利原理的展品，还有一部分场馆同时有飞机的展品，但是这两类的展品在表达上没有进行对应，只有讲解词的自说自话，对展品之间的关联性表达不够。同时，飞机机翼构件与风洞上的吹风部件没有形成关联，在自制部件测试上对展品的实践支持度也不够。这种经典的科学原理在工业产品上的技术运用的展品组合，只流于科学现象探究层面的解释，与STEM教育所需要达到的实践学习的效果相差甚远。

（三）STEM课程与展览的契合点

科技类博物馆理念的两个转变中"以人为中心"的根本，是要满足观众在参观中获得愉悦、知识和感悟的需求，而展览和教育活动，既是科技类博物馆教育功能的主要载体，也是观众在场馆获得愉悦、知识和感悟的主要途径。由此把教育活动中的STEM课程与展览进行结合可能会产生一种"1＋1＞2"的体验效果，并对科技类博物馆展览设计的发展具有深层次影响。

1. STEM教育帮助科技类博物馆探索新的科学教育理念的实践

由于STEM教育是基于科学与工程实践的跨学科的学习，这与科技类博物馆综合性的主题展览的内容基本相符，同时，科技类博物馆的非正规教育的定位使之拥有两大类的展品：一类是科学原理类的展品，另一类是工业技术类的展品。[7]STEM教育与科技类博物馆的展览的结合，既能串联起对于科学原理类的展品的探究，又能使科技类博物馆在工业技术类展品上发挥更大资源优势。所以，STEM教育理念的引入可以让科技类博物馆在新的科学教育理念下，从教育活动到展览设计，达到效果上的叠加。

2. STEM教育内容与科技类博物馆展览的展品类属同源

在科技类博物馆展览的展品中,工业技术类展品主要展示技术发明和应用过程[8],这与STEM教育所倡导的科学与工程实践类属同源。只不过在传统的展览内,这些展品的设计初衷更多只是一种陈列展示,即使在两个转变发生后,许多工业技术类展品的功用仍然没有得到很大发挥,基于STEM教育框架的展品设计方向则将是能满足两个转变需求的新发展方向,也是未来趋势所在。我们可以设想,在一个工业技术主题的展览中,在基于科学与工程实践来设计展览的情境下,我们围绕着STEM教育活动开展对具备由核心概念构建的知识体系的展览的学习,可以营造出科技类博物馆教育情景的另一种氛围。

3. STEM课程与展览设计流程相似

我们在设计一个展览时,大多是以一种项目式的方式来进行的,这与一个STEM课程的设计流程很相似。我们设计一个工业技术类展览的过程中所需要解决的问题、找到的材料和技术的解决方案都是在STEM课程中很好的素材与案例,我们可以大胆地在展览中设计留白与环节,把这部分内容与创客工作室或科学工作室的活动结合,以体现STEM教育实践探究过程中解决问题的精髓。同时,可以在展览设计中运用大量的跨学科的分工合作方式,这个过程就是一个很好的STEM教育过程和学习的过程。

二、如何运用STEM教育思维进行科技类博物馆展览设计

运用STEM教育思维来进行展览设计,需要把展览设置在情境中的各项展品进行知识体系的梳理与教育互动的改造,以满足STEM学习者对任务式学习的需求,提供便于跨学科与科学实践教育活动开展的环境和条件。在展览设计中不仅需要还原技术在生活中的应用,同时也需要契合科学教育实践的诉求。把两者有机地统一起来,才能做好STEM式的展览设计。

(一) 营造真实的情境以强化展览的体验功能

情境的营造不仅需要还原硬件环境的真实性,也需要赋予情境以软件内涵,如故事性、历史性或文化背景。只有软硬件的有效结合,才能让观众真正有情景体验式学习的代入感和深入学习的驱动力。

1. 产品的真实性与真实关联性

奥本海默在规划旧金山探索馆时，要求该馆制作的展品必须营造出一种"与科学家真实的工作环境一模一样的氛围"来帮助学习者自主地进行发现和探索，根据该馆在展览设计和教育活动中的经验可以得出，科学教育中的探究应该尽可能地接近反映真实的科学研究。①那么，在基于《新一代科学教育标准》框架的STEM教育强调科学实践的真实性与可行性的前提下，我们借助STEM教育的思路来进行科技类博物馆的展览设计时，也应该真实地还原在工业化生产环境中运用科技的工作环境和条件，营造真实情境和使用真实的工具与材料来进行科学实践。展览的参观者可以切身体验生产中的某个环节或使用专业工具进行某项操作，以产生真实职业体验的共鸣。

2. 情境真实的代入感与学习的重要性

5E学习环境、情景学习、体验式学习等基于科技类博物馆学习的各种科学教育方法，大多有一个共同点，那就是情境的营造。如果整个科技类博物馆要营造一个公众学习科学的氛围，那么每个主题展览或展区就需要营造基于符合自身主题的情境，吸引各个层次的观众沉浸到其情境中去学习。

STEM教育理念下的环境重要特点之一就是尽可能真实地还原工业技术新产品所处的环境与状态，如果学习者没有真实的环境体验又如何面对和解决真实的问题呢？失真的环境不利于学习者做出具有可行性的真实方案。当然在真实性与安全性之间，我们需要一个妥协的平衡点，在一些受到场地限制的情境中，也可以用虚拟现实（VR）或增强现实（AR）技术来进行必要的补充。

3. 科学故事的精神指引与跨学科的文化融合

科学故事是营造氛围的重要手段，科学故事不仅可以让复杂难懂的科学内容变得相互关联和易于被理解，而且故事中的情节可以很好地吸引注意力，加深印象，激发好奇心，调动观众与展品互动的情感，形成某种共鸣的联系。②美国印第安纳州费舍的康纳草原互动历史公园，在"创造关联：纪念印第安纳的创新精神"展览中运用历史和科学思维，把科学、技术、工程和数学与人们过去和现在的活动

① 汤姆·欧文：《故事，让科学入脑入心》，《维度》，2014年第4期。
② 梅兰尼·海斯：《在一个以故事为驱动的历史博物馆做科学》，《维度》2014年第4期。

联系起来。①其中,引导参观者进入学习的科学故事,已经上升到精神层面的指引与激励。

(二) 规划展品间逻辑与空间关系,梳理展览教育的知识体系

1. 展品的逻辑顺序是展览设计之魂

在展览设计中展品的逻辑顺序往往不被人重视,主要是因为逻辑顺序是一种隐性关系,所以许多展览对于展品间的逻辑关系设计大多要求不高。

(1)通过展品的逻辑关系构建起关于核心概念的知识体系

构建关于核心概念的知识体系成为未来科技类博物馆展览设计时知识结构定位的一个框架,在这样的框架体系下设计出来的展品或展品组合在展览中既有整体性也有独立性。

(2)展品间形成任务式逻辑,保证参观学习的连贯性

如何把作为硬件的展品"软性"连接起来?除了构建知识体系,还可以设计围绕知识点的任务学习单,这可以促使部分参观者进行连贯性的学习,同时也构建了基于课程的展品间的逻辑关系。

2. 展品的空间顺序是展览设计的脉络

我们希望科技类博物馆参观者能按照我们的设计思路去参观前行。当然,这是一种基于针对抱有学习愿望的参观者设计的科学教育的学习思路(顺序),人们在参观时也可以跳过许多内容或环节,但我们需要保证的是,当人们发觉并愿意学习时,他们能找到一条明显的路线,可以循序参观学习下去。

有明确空间顺序的展览设计案例,比如迪士尼游乐园的"小熊威尼历险记"和上海科技馆的"食物的旅行",在很大程度上保证了学习顺序性和情景体验感,但这样的完全空间限制式的展览设计也带来了明显的局限性,因而我们可以从半限制式或引导式的方向来着手改进。展品的空间顺序不一定是一种提前规划的固定顺序,我们可以通过数据统计来分析与判断公众的行为习惯和路线,从而在空间设计上顺势而为,进而调整展品的空间布局。

---

① 玛格丽特·赫尼、大卫·E.坎特:《设计·制作·游戏:培养下一代STEM创新者》,赵中建、张悦颖译,上海科技教育出版社,2015年,第150-152页。

(三) 优化展品的互动性以实现展览教育性

游戏不仅可以再次激发学习动力和加强情感联系,还能够发掘学习中对学习的思考与创造力。许多展品设计中刻意加入的娱乐互动是为了增加展览的趣味性,而不是基于科学教育的本质设计的。这种"知识裹糖衣"或是"知识游戏机"的做法与教育本身背道而驰,我们提供的"做中学"或"玩中学"应该是基于教育目标的,除了体现在展品的互动功能上,还应该是"科学游戏"。

如果说科学故事的讲述是为了让观众在浸入情景体验学习的同时,产生强烈的兴趣,那么科学游戏是为了激发参与者的创造性。基于展品设计的互动科学游戏一般是引导游戏,恰当的游戏引导对学生学习行为、情绪和认知的投入有非常积极的影响。精心设计的游戏规则能够有效地激活目标学习的内容,重复循环的游戏在一定程度上反映了科学探究的过程,学生可以通过这种以探究为基础的实践来增进对科学概念的理解。[①]

(四) 设计学习导览式的任务,引导展览的有序性与目标性

传统的科技类博物馆参观路线的设计方向是百科全书式的,只注重展览本身的教育性,而没有在路线上有教育方向或选择上的引导,在无形中弱化了展览教育的功能性。在很大程度上,这种百科全书式的参观因为目标性不强,容易让观众产生囫囵吞枣的效果,同时也会让展览内容的新鲜感大打折扣。任务式的展览设计可以通过不同的展品与展品的组合来让参观产生变化,从核心概念衍生出来的核心展品也许会成为导览路线设计的核心,而故事情境的构建与设计有助于参观者把任务快速地融入学习的情境中。

STEM教育是一种项目式的教育方式,常常是通过一个又一个阶段式的任务来达到学习的目的,所以在展览中可以设计以任务导览的主线参观路线,以帮助参观者进行有效的STEM课程学习。STEM教育还是一种跨学科的教育。在一个科技类博物馆中各学科的主题展览在不同的区域,每次观众在参观科技类博物馆时会有不同的任务,一个主题任务线就会有不同的参观路线。参观者可能在一

---

① 玛格丽特·赫尼、大卫·E. 坎特:《设计·制作·游戏:培养下一代STEM创新者》,赵中建、张悦颖译,上海科技教育出版社,2015年,第150-152页。

个主题展览中进行跨学科的学习,也可能在同一时间段内进行几个主题展览的交叉参观学习,打破传统式参观路线。

STEM教育理念对科技类博物馆展览设计的影响和变化也许不会立即改变人们的参观习惯,但是情境式的学习体验和多样化的参观路线的设计,可以给有意向的学习者更多的参观选择。如果说科技类博物馆的展品就是一批食材,那么我们对这些食材进行不同的搭配,将让参观者得到不一样的学习体验。